회 원 · 제28집

 강동기
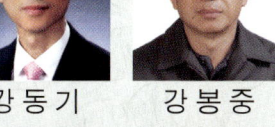 강봉중
 강봉환
 강부호
 강신기

 강에리
 강용숙
 강인숙
 강정식
 강춘기

 고안나
 고창표
 공정식
 곽광택
 구금섭

 구완서
 구춘지
 권순악
 권영억
 권오견

 권화이
 금동건
 김강좌
 김건배
 김검수

 김경언
 김근숙
김기순
김기전

(사)한국시인연대

김낙연	 김남구	 김남희	 김대식	 김동석
 김동애	 김동익	 김문배	 김병영	 김병철
 김복만	 김복성	 김복수	 김봉겸	 김사달
 김서연	 김석태	 김선례	 김선우	 김선종
 김성일	 김연하	 김영돈	 김영천	 김옥향
 김용길	 김은수	 김인식	 김일성

회 원 · 제28집

| 김 임 자 | 김 정 미 | 김 정 은 | 김 정 희 | 김 종 기 |

| 김 진 동 | 김 진 수 | 김 진 태 | 김 태 수 | 김 태 자 |

| 김 학 광 | 김 효 겸 | 김 훈 동 | 노 민 환 | 노 연 희 |

| 노 준 현 | 노 희 정 | 도 경 회 | 류 순 자 | 류 재 상 |

| 맹 인 섭 | 문 영 이 | 문 인 선 | 문 철 수 | 박 건 웅 |

| 박 계 수 | 박 근 모 | 박 달 수 | 박 달 재 |

(사)한국시인연대

 박대순 시
 박대순 시조
 박래흥
 박명희
 박미자

 박병수
 박상교
 박상렬
 박선숙
 박숙영

 박연희
 박영숙
 박영진
 박영춘
 박용하

 박일소
 박종문
 박종민
 박준상
 박진남

 박행옥
 박현조
 박화배
 박희익
 배동현

 배순옥
 배종숙
 백덕순
 백성일

회 원 · 제28집

변근석	서영숙	서원생	서정남	성백원
성진숙	소상호	손병기	손수여	손순자
손진명	송연우	송철수	신다회	신동호
신영옥	신윤호	심옥주	심종은	안숙자
안예진	양지숙	엄원용	여학구	오낙율
오명규	오병욱	오칠선	우성영

(사)한국시인연대

| 우태훈 |  원수연 |  유경환 |  유나영 |  유양업 |

| 윤갑석 |  윤명학 |  윤유점 |  윤한걸 |  이귀선 |

| 이근모 |  이기종 |  이다은 |  이만수 |  이명우 |

| 이성남 |  이수일 |  이순우 |  이영순 |  이은협 |

| 이재곤 |  이재성 |  이재흥 |  이정님 ^{이롯} |  이정록 |

이정룡   이종문   이종수

회 원 · 제28집

 이지언
 이진석
 이창한
 이한식
 이형환

 이호연
 임제훈
 임　향
 장동석
 장문영

 장병민
 장인숙
 장재관
 장현기
 전병철

 전석홍
 전순선
 전현하
 정상열
 정상원

 정순영
 정영의
 정용식
 정종규
 정진덕

 정홍성
 조덕혜
 조병서

(사)한국시인연대

조 성 학　　조 연 탁　　조 재 화　　조 정 일　　조 혜 식

진 진 욱　　차 경 섭　　채 동 규　　채 명 호　　채 수 황

최 경 숙　　최 광 호　　최 영 순　　최 완 욱　　최 유 진

최 정 수　　최 정 순　　최 진 만　　최 홍 규　　편　 문

표 애 자　　하 두 호　　하 성 용　　한　 빈　　한 정 숙

허 만 길　　홍 계 숙　　황 조 한

(사)한국시인연대 2018

한국시인연대 대표시선 제28집

한강의 묵시(默示)

한강

발간사

시 짓기는 촛불의 불꽃과 같다
— '한국시인연대 대표시선' 제28집 발간에 부쳐

　올해도 어김없이 '한국시인연대韓國詩人連帶·The Society of Korean Poets' 회원 229명 시인의 456편의 시를 한데 묶어 묵직한 스물여덟 번째 사화집詞華集·Anthology을 상재한다. 책의 명칭을 『한강의 묵시默示』라고 지었다. 신약성서의 요한 묵시록默示錄·The Johannes Apocalypse/ Revelation을 원용援用했다. 『요한 계시록啓示錄』이라고도 한다. 사도 요한이 하느님으로부터 계시를 받고 저술했다고 한다. 종교에 관계없이 많은 사람들에게 가장 널리 읽히는 복음서 중의 하나다. 시인들 각자가 시적 상상력과 감수성의 계시를 받아 정성껏 지은 시들이 복음처럼 널리 읽혀지기를 염원한다.
　국내외의 시를 읽으면 정말 복음처럼 가슴에 닿는 시들이 많다. 특히 서양 문학의 배경에는 성경이 한쪽에 자리잡고 있어서 성경을 모르면 이해하기 힘든 작품들이 많다. 나는 한국어, 영어, 불어, 독어 성경을 여러 번 읽었고 지금도 때때로 읽는다. 내 책상 위에는 네 종류 언어로 된 성경과 사전이 언제나 놓여 있다. 성경, 불경, 코란 등은 경전經典일 뿐만 아니라 인류 최고의 문학작품으로 여겨진다.

사단법인 한국문화예술연대 이사장이며 월간《문학공간文學空間》주간인 최광호崔光鎬 시인은 통권 349호 2018년 12월호의《문학공간》'권두 메시지'에서 "우리는 지금 어느 때보다 풍요로운 시대에 살고 있지만 마음에는 상실감이 가득하다. 우리는 자신이 어떤 상태인지, 진정 원하는 삶을 살기 위해 무엇을 해야 하는지, 스스로에게 질문을 던져볼 틈도 없이 빠르게 변하는 세상 속에서 격류에 휩쓸리듯이 살아가고 있다."라고 말했다. 이러한 상황을 극복하기 위해서는 개인의 존재감을 높이고 도덕과 정의의 가치를 북돋아야 한다. 프랑스의 철학자이며 시인 가스똥 바슐라르Gaston Bachelard는 그의 저서『촛불의 불꽃La Flamme D'une Chandelle』에서 "현대인의 상실감과 좌절감을 극복하기 위해서는 시를 쓰고 가까운 사물들과 살아온 정다움이 우리들을 이끌어 가게끔 유연한 삶의 방식을 모색해야 한다."라고 말했다. 우리 시인들은 시를 짓고, 읽고, 음악을 듣는 등 인문학적 성찰을 통하여 상실감을 슬기롭게 극복하려는 노력이 필요하다.

이번 사화집을 편집하면서 여기에 실린 모든 시를 정독하는 과정에서 많은 시인들이 자신의 삶을 소재로 한 시가 많은 것을 발견했다. 인간이 산다는 것은 생성하는 것, 순간순간마다 새로운 미래를 획득하면서 진행하는 창조의 과정이다. 따라서 시인은 과거조차도 고정된 불변의 실체가 아닌 하나의 항구적인 이미지로서 도달해야 할 하나의 미래로 보는 것이다. 그리하여 시인은 자신의 삶을 소재로 하여 상상력과 언어를 통해 끊임없이 삶을 재구축하면서 창작에 몰두한다. 시 짓기는 마치 자기 스스로를 소재로 하면서 빛을 얻기 위해 항상 위를 향해 타고 있는 촛불의 불꽃la flamme d'une chandelle과 같다고 생각한다.

시의 세계란 격정과 명상으로 빚어진다고 할 수 있다. 어떤 시인들은 개성이 강한 나머지 독자를 향한 것이 아니라 시인 자신에게로 향하고 있다. 이러한 시적 자아의 자기 다짐은 자연으로부터 비유적 깨달음으로 가능해진다. 자연의 현상과 질서로부터 삶의 진실을 발견하는 고전적 사유는 전통성을 갖는다. 이러한 시인들은 격정과 명상의 도전을 지나 자유를 체득한다.

  물질과 기술 우선주의로 비인간화되어 가는 시대에 시인들은 숭고한 시적 상상력과 치열한 시 정신으로 다져진 사유와 성찰을 모국어를 통하여 노블레스 오블리주noblesse oblige를 실천해야 한다. 시인이라는 신분에 따르는 의무를 시인의 창작 작품으로 변용하는 것만이 시인의 존재와 시의 힘을 발휘하는 것이다. 예측하기 어려운 변화의 세상에서 변하지 않는 올바른 가치관을 시 창작으로 형상화해야 한다. 오늘의 시인들은 시대 정신을 꿰뚫고 각자의 창작 태도를 가다듬어 볼 필요가 있다. 이 사화집을 읽으면 동시대의 다른 시인들과의 문학적 교류를 통하여 '선택적 친화력elective affinity'을 얻을 수 있을 것이다. 또한 타자의 시 속에서 새로운 가치와 의미를 발견할 수 있을 것이다.

  '국어큰사전'과 '방언사전'에도 없고, 신문 잡지에서도 본 적이 없는 자기가 만들어 자기 혼자 쓰는 이상한 단어를 여러 개 쓴 시, 산문시라기보다는 정리되지 않은 수필과 같은 시, 어휘, 구조 및 서술이 시의 문법에 크게 어긋나는 시 등 14편을 사화집에 넣지 않았음을 첨언한다. 해당된 분들은 너그럽게 이해하기 바란다.

  끝으로 19세기 프랑스 상징주의 대표적인 시인 뽈 베를렌느Paul Verlaine(1844~1896)의 시 〈시법詩法·Art Poétique〉을 읽고 시詩쓰기를 곰곰이 다시 한번 생각해 본다.

    무엇보다도 먼저 음악을
    그러기 위해 기수음보奇數音步를 택하라
    공기 속에서 한결 어렴풋하고 한층 용해하기 쉬운

무게나 침체가 전혀 없는.

또 애매함이 없는
말을 선택하려 해서는 못쓴다
정확과 부정확이 하나로 합치는
회색 노래보다 더 귀중한 것은 없다.

그것은 베일 뒤의 아름다운 눈
그것은 정오 때의 떠는 햇빛
그것은 서늘한 가을 하늘에
맑은 별들의 파랗게 흩어져 있는 빛!

왜냐하면 우리는 뉘앙스를 더욱 원하기 때문
색채가 아니라, 오직 뉘앙스만을!
오! 뉘앙스만이 꿈을 꿈에다
피리를 각적角笛에다 결혼시킨다!

— 뽈 베를렌느, 〈시법詩法〉

2018년 12월
(사)한국시인연대
회장 최 홍 규 崔鴻圭

발간사　최홍규崔鴻圭

(사)한국시인연대

25 /그리움·1 외 1편　강동기
27 /많이들 떠났습니다 외 1편　강봉중
29 /한 외 1편　강봉환
32 /침묵 속의 카르텔 외 1편　강부호
34 /별과 봄비와　강신기
35 /그대 항상 나를 외 1편　강에리
37 /효심의 흙 외 1편　강용숙
39 /가을 외 1편　강인숙
41 /바보거나 성인이거나 외 1편　강정식
43 /변신·2 외 1편　강춘기
46 /양파의 눈물 외 1편　고안나
48 /빗소리 외 1편　고창표
50 /보고 싶은 것은·3 외 1편　공정식
53 /함께 외 1편　곽광택
55 /아버지 지게 외 1편　구금섭
57 /그를 위하여 외 1편　구완서
59 /8월 외 1편　구춘지
61 /산딸기 외 1편　권순악
63 /행복한 삶, 하기 나름 외 1편　권영억
65 /산사의 아침 외 1편　권오견
67 /인왕제색도 외 1편　권화이
69 /어머니 그때도 그랬지요 외 1편　금동건
71 /낙화 외 1편　김강좌
73 /나의 비밀 정원 외 1편　김건배
75 /재개발지역 외 1편　김검수
77 /그루밍족 외 1편　김경언
79 /겨울나무 외 1편　김근숙
82 /추석 외 1편　김기순

목차

김기전　고문서 외 1편 / 84
김낙연　넥타이 외 1편 / 86
김남구　가을 산 바위 외 1편 / 89
김남희　꽃무릇 외 1편 / 91
김대식　강원도 정선 외 1편 / 93
김동석　대추 외 1편 / 95
김동애　눈으로 생각하다 외 1편 / 97
김동익　뜸부기 외 1편 / 99
김문배　오솔길 외 1편 / 101
김병영　긴 여정 외 1편 / 103
김병철　가을 서녘에 빠지다, 문득 외 1편 / 105
김복만　찔레꽃 외 1편 / 108
김복성　두 나무의 인연 외 1편 / 110
김복수　먼 길 외 1편 / 112
김봉겸　거울 앞에서 외 1편 / 115
김사달　땅콩을 까며 외 1편 / 117
김서연　최고의 피서지 외 1편 / 119
김석태　물을 기피하는 이유 외 1편 / 121
김선례　그림자 놀이 외 1편 / 123
김선우　지리봉 가는 길 외 1편 / 125
김선종　곰삭은 향기 외 1편 / 127
김성일　임아 저 강을 건너지 마오 외 1편 / 129
김연하　단풍 외 1편 / 131
김영돈　가을비 외 1편 / 133
김영천　소금밭 외 1편 / 136
김옥향　아침 외 1편 / 138
김용길　돼지 목에 진주 목걸이 외 1편 / 140
김은수　달팽이의 꿈 외 1편 / 142
김인식　광복절 외 1편 / 144
김일성　낙산사 의상대 외 1편 / 147

(사)한국시인연대

149 /추국 외 1편　　　　　　　　김임자
151 /이별 연습 외 1편　　　　　　김정미
153 /명백한 생 외 1편　　　　　　김정은
155 /다반향초 외 1편　　　　　　김정희
157 /평화는 외 1편　　　　　　　김종기
159 /저물녘의 덕담 외 1편　　　　김진동
162 /그대 마음 이해하오 외 1편　 김진수
165 /첫날밤처럼 외 1편　　　　　 김진태
167 /모정 외 1편　　　　　　　　김태수
169 /귀가 외 1편　　　　　　　　김태자
171 /꿈 외 1편　　　　　　　　　김학광
173 /곶감 향기 외 1편　　　　　　김효겸
177 /당신과 내가 외 1편　　　　　김훈동
179 /겨울밤 외 1편　　　　　　　노민환
181 /낮달 외 1편　　　　　　　　노연희
183 /가을 사색 외 1편　　　　　　노준현
185 /너는 너대로 나는 나대로 외 1편　노희정
187 /외나무다리 저편 외 1편　　　도경회
189 /봄이 오는 길 외 1편　　　　 류순자
191 /걸레의 소원 외 1편　　　　　류재상
194 /그리움이 데려다주는 고향 외 1편　맹인섭
196 /둥근달의 비밀 외 1편　　　　문영이
198 /빗물이 그린 그림 외 1편　　　문인선
201 /어느 가을 저녁의 소묘 외 1편　문철수
203 /동해의 끝 섬 외 1편　　　　 박건웅
207 /새해 아침의 기도 외 1편　　 박계수
212 /의기 논개 외 1편　　　　　　박근모
214 /신화 쓴 당산나무 외 1편　　　박달수
217 /찔레꽃 외 1편　　　　　　　박달재
219 /부디 그대가 날 사랑해야 한다면 외 1편　박대순

목차

박대순 시조	가족의 명절	외 1편/ 221
박래흥	항아리	외 1편/ 223
박명희	밤 줍기	외 1편/ 225
박미자	오래된 화분	외 1편/ 227
박병수	가을 그 품 안에	외 1편/ 230
박상교	찾아온 영상	외 1편/ 232
박상렬	대장간에서	외 1편/ 234
박선숙	편지	외 1편/ 236
박숙영	별이 된 시간	외 1편/ 238
박연희	아름다운 날들	외 1편/ 241
박영숙	베 짜는 여인	외 1편/ 243
박영진	설산의 한마당바위에서	외 1편/ 245
박영춘	그 길	외 1편/ 248
박용하	바람에 몸 맡기고	외 1편/ 250
박일소	노숙자	외 1편/ 252
박종문	한세상 같이 살자	외 1편/ 255
박종민	입맛마저 빼앗겨선 안 된다	외 1편/ 257
박준상	사랑	외 1편/ 260
박진남	녹차 한 잔의 여유	외 1편/ 262
박행옥	사진첩	외 1편/ 264
박현조	울어도 꽃이다	외 1편/ 266
박화배	홍어	외 1편/ 268
박희익	생	외 1편/ 271
배동현	동백꽃·2	외 1편/ 273
배순옥	진실, 그 소리	외 1편/ 275
배종숙	도꼬마리	외 1편/ 278
백덕순	꽃지의 연인	외 1편/ 280
백성일	멈추고 싶은 시간	외 1편/ 283
변근석	숲속의 하얀 집	외 1편/ 285
서영숙	금강 벼룻길	외 1편/ 287

289 /울진, 바닷가에서	외 1편	서원생
293 /꽃의 애환	외 1편	서정남
295 /삼겹살	외 1편	성백원
297 /인생은 비빔밥이다	외 1편	성진숙
299 /길은 나의 것만이 아니다	외 1편	소상호
302 /밝은 내일이 아름답게 빛난다	외 1편	손병기
304 /백목련	외 1편	손수여
306 /무작정 눈물이 날 때가 있습니다	외 1편	손순자
308 /달빛이 그리운 사람	외 1편	손진명
310 /여름 이겨낸 나무	외 1편	송연우
312 /안중근	외 1편	송철수
314 /사랑의 온도	외 1편	신다회
317 /보름 달밤	외 1편	신동호
319 /두물머리 연가	외 1편	신영옥
321 /노년의 삶	외 1편	신윤호
324 /만어사	외 1편	심옥주
326 /유월의 마지막 슬픔	외 1편	심종은
328 /가슴에 고인 빗물	외 1편	안숙자
330 /바다	외 1편	안예진
332 /민들레 홀씨·1	외 1편	양지숙
334 /잔느는 모딜리아니를 사랑했다	외 1편	엄원용
336 /격이 다르다	외 1편	여학구
338 /인동꽃	외 1편	오낙율
341 /겨울 가로수	외 1편	오명규
343 /나를 정말로 사랑하면	외 1편	오병욱
345 /노송	외 1편	오칠선
349 /잎 넓은 가로수	외 1편	우성영
351 /강호에 님 찾으러 갔다가	외 1편	우태훈
353 /산이 될 때	외 1편	원수연
355 /옥황상제 바위의 노래·2	외 1편	유경환

(사)한국시인연대

목차

유나영	서릿발에 걸친 달	외 1편/ 358
유양업	생태공원	외 1편/ 360
윤갑석	춘하추동 세상 이야기	외 1편/ 362
윤명학	바람꽃	외 1편/ 364
윤유점	붉은 윤곽	외 1편/ 366
윤한걸	나는 누구인가·169	외 1편/ 368
이귀선	여인의 강·1	외 1편/ 371
이근모	최악의 삼복더위	외 1편/ 373
이기종	물 흐르듯	외 1편/ 375
이다은	나의 숲에게	외 1편/ 377
이만수	벼알의 노래	외 1편/ 380
이명우	산골 풍경·839	외 1편/ 382
이성남	임종	외 1편/ 384
이수일	아인슈타인	외 1편/ 386
이순우	산 자의 방	외 1편/ 388
이영순	사랑이란 낱말	외 1편/ 390
이은협	아내	외 1편/ 392
이재곤	단풍	외 1편/ 395
이재성	낚시꾼	외 1편/ 397
이재흥	생명의 고향	외 1편/ 399
이정님^{이롯}	이게 사는 거야	외 1편/ 401
이정록	석류꽃 붉게 피면	외 1편/ 404
이정룡	생가	외 1편/ 406
이종문	봄밤에 찾아온 손님들	외 1편/ 408
이종수	자유가 그립다	외 1편/ 410
이지언	깊어진다는 것은	외 1편/ 414
이진석	고목	외 1편/ 416
이창한	잠깐 누워서	외 1편/ 418
이한식	파도	외 1편/ 421
이형환	교회 십자가에 행복 보쌈 열렸네	외 1편/ 423

427 /사랑꽃 외 1편　이호연
429 /지평선 안개 외 1편　임제훈
431 /꽃차 한 잔에서 만난 자유 외 1편　임 향
433 /우편함을 보며 외 1편　장동석
436 /나무들의 삶 외 1편　장문영
438 /이슬 외 1편　장병민
440 /벚꽃 지는 밤 외 1편　장인숙
442 /천하를 얻은 날 외 1편　장재관
444 /하늘 외 1편　장현기
446 /고혈압 외 1편　전병철
448 /어부사시사 가는 길 외 1편　전석홍
450 /땅의 숨비소리 외 1편　전순선
452 /여명 외 1편　전현하
454 /산책길에서 외 1편　정상열
456 /저문 바람에 고개를 숙이고 외 1편　정상원
458 /논두렁에 누워 외 1편　정순영
460 /꿈은 이루어진다 외 1편　정영의
462 /평행선 외 1편　정용식
464 /1979, 삽교호 외 1편　정종규
466 /겨울 담쟁이에 관하여 외 1편　정진덕
468 /오는 봄 가는 봄·1 외 1편　정홍성
470 /그리운 이름 읊다 보면 외 1편　조덕혜
472 /꽃, 할아버지 외 1편　조병서
474 /뤼순 감옥에서의 갈망 외 1편　조성학
476 /선경·1 외 1편　조연탁
478 /고구려 하늘 외 1편　조재화
480 /대포항 단상 외 1편　조정일
482 /젊음은 아름다워라 외 1편　조혜식
484 /골 깊은 미련 외 1편　진진욱
486 /아리랑·1 외 1편　차경섭

(사)한국시인연대

목차

채동규　겨울 나그네 외 1편/ 488
채명호　불효 외 1편/ 490
채수황　저녁 바다 외 1편/ 492
최경숙　가을 모습 외 1편/ 494
최광호　가시가 된 그림자 외 1편/ 496
최영순　가을강 외 1편/ 498
최완욱　단풍/ 500
최유진　가을의 명상 외 1편/ 501
최정수　다선불이 외 1편/ 503
최정순[박천]　사랑 외 1편/ 505
최진만　다만 그곳을 바라볼 뿐 외 1편/ 507
최홍규　12월 외 1편/ 510
편　문　내가 사랑한 겨울 외 1편/ 514
표애자　마음을 다듬으며 외 1편/ 517
하두호　내가 사온 수석 외 1편/ 519
하성용　봄을 기다리며 외 1편/ 521
한　빈　새노야 외 1편/ 523
한정숙　낙엽 외 1편/ 525
허만길　본다이 아침 해변 외 1편/ 527
홍계숙　인생 이모작 외 1편/ 529
황조한　가을비 외 1편/ 531

한국시인연대상 운영에 관한 세칙
한국시인연대 제14대 임원

(사)한국시인연대 2018

한국시인연대 대표시선 제28집

한강의 묵시(默示)

그리움·1 외 1편

강 동 기

황혼이 깃든 오후
서녘 하늘
수심 띤 기러기 떼 날아가고
그립다 못해 나뭇잎 하나 떨어진다
임 떠나는 소리
임 부르는 소리
무정하게 시간은 흐른다.

밀양아리랑 길

아리아리랑 쓰리쓰리랑
구불구불 밀양아리랑 길 걸어가면
아랑의 얼 서린 그곳
언제나 반가이 맞아 주는 어스름 황혼
석양은 물들어 붉기만 한데
못 잊어 찾아온 길손
환한 미소 해맑은 웃음 정감 넘치고
바람 따라 구름 따라 흘러가는 인생

아리아리랑 쓰리쓰리랑
느릿느릿 밀양아리랑 길 걸어가면
새소리 물소리 들리는 그곳
사시사철 푸르고 푸른 삼문 솔밭 솔향기 내음
생기 송송 엔돌핀 절로 솟아나는데
정든 임 찾는 새 한 마리
산뜻한 공기 청량한 바람 상쾌감 더해 주고
세월 따라 인심 따라 돌고 도는 인생.

많이들 떠났습니다 외 1편

강│봉│중│

대청마루에 앉아 대마 껍질
허벅지에 비벼 잇던 그 많던
어머니들 모두 떠났습니다

풀베기 품앗이로 두엄풀 가득
짊어지고 에라 이후후 한 짐 했다
작은 그릇에 밥 담지 마라 고함치던
형님들도 떠났습니다

양치질 검사한다고 학교 가는 길에
모래알 손가락으로 이를 닦아 앞 잇몸에
뻐죽이 솟아오른 피를 보고 서로 웃어
주던 친구들도 많이 떠났습니다

나도 얼마 뒤 그 길로 가서 변한 세상
이야기 전할 겁니다.

돌아누워 잠자기

초저녁 잠시 찾아든 꽃잠이
제 볼 일 보러 떠나 버리고
일만 가지 생각이 괴롭힐 때
외로 누웠던 자세를 바른 쪽으로
옮겨 누우니 또 다른 사념들이
기다리고 있다가 나 여기 있소다

이리 눕고
저리 눕고
대여섯 번 하고 나니
떠났던 잠이 찾아와
나를 재웠다.

한 외 1편

강|봉|환|

이 민족의 한恨
아리랑으로 노래합니다

나라가 문을 연 후
구백 번 넘게
침략을 받았습니다

북쪽 떼놈들이 몰려오면
남으로 도망다녔고
바다 건너 왜놈들이 쳐들어올 땐
피난길에 올랐습니다

이불
보따리
솥단지
이고 지고
새끼들 앞세우며
재 넘고 내 건너
설움 속에 살았습니다

아리랑 아리랑 아라리요
아리랑 고개로 넘어간다
나를 버리고 가시는 님은

십 리도 못 가서 발병난다

어려운 삶에
행여
님이
처자妻子를 버릴까 봐
아내들은
그렇게 불렀답니다.

그릇

나의 그릇은
아직
종지입니다

남들은
동이로 보지만
아닙니다
속살이 얼굴을 내밀 땐
부끄러워
사발이라도 되려고
밤을
지새웁니다

채워도 채워도 넘치지 않을
그런
큰항아리가 될
야문
꿈을 꾸고 살지만
참으로
멀고
외로운 길입니다.

침묵 속의 카르텔 외 1편
―미투 me too

강│부│호│

저기 저 위에 섰던
우상偶像의 유명인有名人
저리도 의연하게
군림君臨했기에
차마 저항하지 못했다

그저 허공에 손을 잡고
입김 서린 가슴을
창살에 끼워 살았다
먹구름 속 용틀임의 비늘마저
창살에 끼워 버렸었다

그러나
침묵의 담합談合은
더 이상 버틸 수 없었던가
봇물 터지듯
쏟아진 유명인들의 속살

하늘 밑 땅거미에
창궐猖獗했던 우상들
오늘 그 유명은 가짜의 허상이요
몰락된 우상은 일그러진 몰골인 것을

에 이 참, 아이시[愛惜] 아이시.

찜통과 입추

삼복
가뭄
혹열酷熱※

염제炎帝※께서
노怒하셨나
화포火炮 끄는 걸 잊으셨나

수박
오이
엽채류葉菜類

이 견딜 수 없는 시련은
열대를 수렴할 한계를 넘었기에
화상火傷의 몰골로 변한 여름 과일들

8월 7일 신미일辛未日
슬그머니 내미는 얼굴 입추立秋
동쪽 하늘엔 비구름이 이는 모양인데.

※혹열: 지독한 더위
※염제: 불의 신

별과 봄비와

강 신 기

동이 트기 전
하늘 별들은 아직 선잠인데
내 것 네 것 다투던
어릴 적 친구는 어느 별에 문패를
지난 시절의 아련함이

그곳에도
거짓과 위선이란 가면을 쓰고
옳고 그름이 곡예를 하며
염치도 체면도 모르는 세상일까

대지는 봄 채비를 하는데
아직 나뭇가지에 걸린
겨울바람은
이길 수 없는 봄을 시샘하고

간밤 뿌리고 간
봄비가 땅을 적시어
파란 싹들이
기지개를 펴고 질서의 바퀴를 돌리고 있다.

그대 항상 나를 외 1편

강에리

벚꽃에 끌려 하늘만 보다가
비 온 뒤에 울었어요
이제 가지에 꽃 지고
서러운 잎새만 솟아올라요

눈물 떨구다
발길 멈춘 곳에
피어 있는 아름다운 꽃,
돌아보니 작년부터
그 자리 지켜왔건만
나는 왜 몰랐을까요

그대 항상 나를 보고 있었음을
나 울 때 같이 아파했음을

나 다시 눈물 흘린다면
그대 위해서일 거예요
언제나 내 곁에 머무를 사람이여.

황혼

지금은
오후 다섯 시 반,
2월의 짧은 해는
마지막 이별의 시를 하늘에 씁니다

조금씩 차오르는
주홍빛 슬픔을 토해 하늘을 물들입니다

눈물도 흐느낌도 없는
불덩이 하나
가슴에 걸린 아픈 이별입니다

침묵하는 빌딩을 뒤로하고
아무도 환송하지 않는
도시를 지나 조금씩
밤으로 미끄러져 갑니다.

효심의 흙 외 1편

강│용│숙│

언제나 밭에 오면
너의 깊은 효심
이 세상 그 어디에도 없는 것
나는 잘 안다

내가 준 씨앗 닿으면
정성 다해 키워
맺어 준 열매 보자기에 싸주고
마을버스 태우고 오일장 구경시키며
씨앗, 농기구 사주는 너지

겨울에는 포근한 옷, 신발 신겨서
국밥이나 깍두기에 막걸리 넉넉히 먹이고
흥얼거리는 몸
버스에 태우고 집까지 모시는 것은
너 덕밖에 없어

이생에 너가 없었다면
내 이렇게 마음 편히 할 수 있나
그저 불평의 말없이 주기만 하는 너
효자 중에 효심의 흙아!

하얀 비단 목도리

헐떡이는 숨 달래며
겨우내 산봉에 닿으니
산들이 하얀 비단 목도리 두르고
내민 얼굴에 멈추었네

무슨 사연 있기에
고요한 산경을 이루고
어느 산객을 배웅하려 하는지
새들도 노래 부르고

저 선녀들 눈웃음치며
건너와
인연 시 한 편 품고 가라 하지만
들음뿐일세

너희들도 살다보면
잎 다 잃어 오들오들 떨지
겨우내 여기 온몸 설움 주나
잘 걸어 곁에 갔을 때
하얀 비단 목도리 두르고 말했으면.

가을 외 1편

강 인 숙

누가 동화책 한 페이지
넘겨 놓았다

두 팔에 해 그물 느려놓고
참새들 기다린다
황금벌판에 서서

허수아비축제가 익살스러운
거긴 어디쯤이었는지
동화책 속 달리고 있었다

그와 함께 달리던
먼 성못길

그 계절 다시 와
눈물 고인 햇살만 한가로이
무덤처럼 어제를 덮고 있다.

대관령휴양림

아흔아홉 능선 따라
질곽한 사연
연록의 잎 잎으로 술렁이는
그 길만으로 그냥
가게 하옵시지

사바세계 등지고 앉아
투명한 공의 화두에
연초록 짙어 가는 무릉도원을
훔쳐보는 업 하나만 더
보태어 주시었습니다

탐욕도 씻고 씻으면
저리 깨끗한 몸짓으로 흘러
어리석은 중생
절로 구제되었더이까

감히 손닿을 수 없는
맑은 이치에
새벽 소나무 숲을 지나온 볕은
무엇 때문에 저리, 저물녘까지
넋을 놓고 서 있습니까.

바보거나 성인이거나 외 1편

강 정 식

그는
분명히
외롭고 고독하거나
둘 중의 하나인데
그렇게 살지 않는 것을 보면
바보거나
성인일 텐데
둘 다 아닌 것을 보면
이상한 생각이 든다
모든 사람들은
일정한 시간이 흐르고 나면
운명이나 숙명이 다가오는 것은
누구에게나 똑같은 것
다만 먼저냐 나중이냐
그 순서만 다를 뿐.

밤꽃

꼭
그 냄새 그렇게 좋은지
그래야만 하는지
벌들이 유난히 모여든다

향기라고 하긴
좀 그렇고
모양은 지렁이 같은데
꽃이 진 후 밤송이가 여물면
나무 밑에 몰려드는
사람들.

변신·2 외 1편

강│춘│기

네 고향 오호츠크 해와 베링 해를 떠나
오체투지로 여기까지 와서
숨이 차 입 벌리고 덕장 기대어
하늘 우러러 숨 고르고 있느냐

몇 순일旬日 지나도록
칼바람도
북국의 세찬 눈도
너를 먹여 주는 진수성찬이니
인고의 시간 속에
봄을 업고 올 종달새가 되고파서일까
법망을 피함도 아닌데
너는 이름을 바꾸고 바꾸는구나

산골자락에 버들강아지 기지개 펴도
무심인 듯 고요히 내공은 깊어 가고
약관藥官의 노고 덜어주고픈
탈곡기에서 곡식 쏟아지듯 네 육신 육탈되어 나오면
주선酒仙들이 유혹을 내려놓지 못하고 다가올수록
신성한 제물인 듯 너는 안에서 누런 황금을 내어놓느니
새해에도 씨알들 넉넉하게
여민락 누리도록 해 준다.

심하전투를 아시나요
―『책중일록』을 읽고

내가 삼만 육백 열하루를 살아오면서
절반을 젊은이들 앞에 서 있었는데
조선이 명나라와 손잡고 먼저 일으켰던
1619년의 심하전투深河戰鬪*를
좁쌀 정도밖에 몰랐었다

역사는 깨달음의 글발들인데
그 전투를 몰랐던 나에게 조선의 피가 흐르는 것인지
압록강 건너 후금의 발호跋扈를 격파하려는 불붙는 충의로
의지는 태산 같았으나 초반에
철기병들에게 처참히 살육당한 불운한 전투
구천을 떠도는 고혼들은 오늘도 부릅뜬 눈으로
얼마나 서럽고 가엽게 우리를 보고 있을까

칼바람 부는 낯선 북국의 산하에서 죽임당한 혼령들
이름 없는 씨알들의 억울한 울음소리 들려오고
햇빛 찬란한 산하 제비꽃은 또 피는데
어리석음은 애도 시 한 줄도 못 쓰고 탄식뿐
혈류가 역류하듯 엄습하는 아픔은 끝나지 않고
삶이 고통이어도 하늘 우러러 살아야 하는 것은
삶의 참다운 의미가 불멸의 정신이듯
위대한 시간이 다가올 수 있으리란 믿음으로
부드러움 키워내는 강함을 간직한 심장의 박동

하늘의 언어로 외치고 있다.

※심하전투: 후금後金의 누르하치가 임시 수도로 정한 심양瀋陽으로 가는 어구에 심하가 있는데 거기에서 전개된 전투. 『책중일록柵中日錄』은 이민환李民煥(1573~1649)이 몸소 17개월간의 포로수용소에서 겪은 기록인데 1619년 2월(광해군 11년)에 강홍립姜弘立(1560~1627) 도원수 이하 13,000명이 후금을 격멸하기 위해 명나라와 같이 침공하였으나 전투 초반에 7,000명이 도륙당하고 나머지는 포로가 되었다가 강화가 이루어져 살아 돌아온 자는 3,000명이었다. 포로 생활 중에서도 상당수가 군율을 어겼다고 참수 당하였고 더러는 노예로 팔려갔다고 한다. 이런 것이 빌미가 되어 1627년의 정묘호란丁卯胡亂, 1636년의 병자호란丙子胡亂을 불러오게 된다.

양파의 눈물 외 1편

고｜안｜나

덧없다 느껴지는 순간
이미 죽었을지 모르는
내가 흘리는 눈물인지 몰라
삶이란 어차피 착각이지
겹겹이 쌓인 몸
두드리는 소리
떨리고 벗어지고 쪼개지고
두 손은
훨씬 심술궂지
모조리 다 보여 줄 수 없는
간직해 두고 싶은 꿈
고통 없이 끝내고 싶었던 나는
이미 죽고 말았는지 몰라
꽃봉오리 하나
밀어올리지 못한 나 위해
당신, 울어 줄 수 있는가.

노을

마음 밖
몸 빠져나온 생각이지
잠자리 들기 전 쓰는
그림일기
먼 벌판 서성이며
머뭇머뭇
모든 것 비우는 시간
잠시, 하늘은 무릉도원
복사꽃 만발하지
내 사랑, 몇 발자국 더
비껴갈 때
몸 바꾸는
노루 한 마리.

빗소리 외 1편

고 창 표

이명으로 융융거리는 빗소리
가슴에 파묻힌 사연 때문이겠지
그래서 온통 파문 일으키는 물결이 되고 말았겠지
밤조차 이 방의 어둠을 가라앉히지 못하여
평화를 선사하지 않으니
어찌 고단한 이 몸 자리에 눕히리
누가 말했나, 어둠 속의 빗소리를 자장가라고
개구리 울음마저 가슴을 무너뜨리네
빗장을 젖히고 하염없이 흐르는 눈물
그침 없이 가슴속 파고드는 빗소리 되다 말고
이 밤을, 내 방 안까지
가득 채우는 빗물이 되고 말았네.

삼절 밟기
―통도사 – 해인사 – 송광사

통하지 않는 중생끼리 통성명하고 나니
도통한 배꼽시계 거듭된 재촉 덕에
사흘 길 배곯고 온 양 사정없이 퍼 삼켰네.

해갈하듯 토장국 한 사발로 허기 달랜
인정이 강을 이뤄 산을 돌아 굽이지니
사방에 생명의 숨결 한기 다 녹였네.

송골송골 이마에 맺힌 땀 훔쳐내니
광채 띤 얼굴마다 웃음꽃 눈부시고
사랑이 샘솟는 가슴 사바세계 낙원이네.

보고 싶은 것은 · 3 외 1편

공 정 식

허공보다 정녕코 먼
바다보다 더 깊은
내 속에
그 사람 있습니다

멀고 먼 곳에 있기에
만날 수 없습니다

서역만리보다 먼 곳에
찾을 수 없습니까

난
언제나 해와 달같이
변함이 없듯이
마음 깊은 곳에
꽃피는 시절時節 기다리면서….

한줌의 연기로

설한풍 긴밤 홀로 앉았다가 누웠다가
숨차고 거칠은 몸

피가 거꾸로 흐르는 듯 답답한 마음
온 육신의 아픈 고통이 서럽다

밤이 다하도록 목젖이 희어지고
하늘엔 천둥번개 움막을 울리고

비바람 검은 구름 북망산천 돌아가고
서러운 눈물 베갯머리 적시고

이 세상 태어날 때 질서가 있었지만
떠나는 날 앞뒤가 없이 가는 인생

젊을 때 세월이 짧고 늙으면 하루가 구만리다
빈손 빈몸으로 야속하게 떠나는 인생

멀고도 먼길 떠나는 이 길
사남매 잘살아야 한다 애비 마지막 한마디

이제 친척들 모여 밤을 지새는지
찾아온 친구들의 못다 한 정情은

향 사르고 술 한잔 따르며
하얀 국화 한 송이 안고

불타는 굴 속으로 들어가는 인생
육신 모두 검은 연기로 사라지는 그날이 오늘이다.

함께 외 1편

곽 광 택

너와 나
함께 손잡고
간다면 좋다

살아가려면
서로 손잡고
함께 웃으면
기쁨과 위로가 된다

서로 함께 간다면
비가 와도 눈이 와도
비바람이 불어와도
마음은 훈훈하다.

그리움의 향기

내 어릴 적
살아 숨 쉬는 곳
그리움을 소리치면
너와 나 향기를 품으며
낯설은 곳 찾아간다

파란 하늘빛 바다로
힘찬 바람을 가르는 갈매기
하늘 높이 소리 내어 우는구나

가야 할 사람은 가고 없는데
낯선 언어들은 허망의 껍질을
벗는다.

아버지 지게 외 1편

구금섭

지게는 원망이 없다
제 등을 누르는 짐들을 보며
자기를 어깨에 메고 가는
주인이 안쓰러워 불평하지 않는다

멜빵이 닳고 닳아 헝겊으로
감아 돌린 아버지 지게가
칠십 년이 다 되어 가도록
주인의 굳은살에 매달려 있다

가난의 짐
처자식의 짐
숨가쁜 한숨을 돌려가면서
오늘도 보리 한 짐을 지고 가고 있다

맥추감사절에
드릴 보리 뭇들,
자식 배가 불룩 올라오는 기쁨에
비 오듯 흘러내리는 비지땀을 닦아 가며
아버지 지게가 걸어가고 있다.

안면도에서

사는 길이 험하고 가파르거든
하얀 거품을 물고 부서지는 파도를 보라
스스로 낮아지는 평안이 있다

사는 길이 고되고 막막하거든
눈썹에 걸린 수평선 노을을 보라
어둠 속으로 고이는 여명이 있다

사는 길이 외롭고 슬프거든
홀로 견디는 섬을 보라
스스로 감내하는 의지가 거기에 있다

바다는 하늘을 감싸 끌어안고
갈매기를 벗 삼아 유유자적하고 있다
제 몸을 모진 매로 채찍질하면서….

여기 안면安眠이 있는 안면도에서
제 몸에 해풍을 뿌리고 출렁이는 바다를 보라
그런 자만이 해를 낳는다
솔바람 태안泰安에 쉼표를 찍는다

그를 위하여 외 1편

구│완│서│

마치 아무 일 없는 것처럼 일상을 지내겠지
그 정도면 괜찮다고 스스로 위로를 하고 있겠지
그렇게 하면 최선을 다하고 있다고 다독이고 있겠지
잘하고 있다고 헛웃음을 지으며 가슴을 쓸어내고 있겠지
그런데 보이는 걸
견고한 거칠거칠한 껍질
모순을 느끼고 있는 건 아닌지 자신에게 속임을 당하고 있는 건 아닌지
너무 오래된 껍질이라 껍질의 단단함이 의식 속에서
무뎌져 버린 건 아닌지
빛이 내린다
빛이 내린다
그 위에서 그 아래로 빛이 쉬임 없이 내려온다
감사한 일이다. 견고한 껍질을 깨뜨릴 용기가 있다는 건
이제 녹아질 일만 남았다
― 입장 바꿔 생각을 해 봐
사실 누가 옳다고 말하기 어렵습니다
내가 서 있는 곳에서 보면 세모 모양이구
아니야, 내가 보니 이건 네모 모양이라 구
이제 입장 바꿔 생각을 해 봐
그것은 세모도 네모도 아닌 사다리꼴이란 말이지
아하, 배와 부두 사이의 고무 타이어같이
마찰을 피하기 위한 고무 바킹
아하, 그것이 온유더라.

들꽃

바람 부는 언덕
함초롬히 웃고 있는 작은 입술
하늘 바라보는 눈빛이 곱다

비바람에 쓰러질 듯 휘어지다가도
다시 일어서 멀리 날려 보낼
옹골찬 홀씨를 남기고

끝내는
흙으로 돌아가야 할 자리
네가 섰으니

겨자씨 같은 꿈을 부풀려
한세상 맨몸으로 살아온
오직 한마음
해맑은 웃음 자유 의지이고 싶을 뿐

바람 부는 들녘
푸른 손 흔들어
아늑한 햇살 돋우며 뿌리를 세운다.

8월 외 1편
―강아지풀

구│춘│지│

풀꽃들이 피어나는 성하의 계절
저마다 고운 색 고운 자태 내세울 때
들풀 중의 들풀 보잘것없는 너만은
푸른빛을 잃지 않고
제 빛깔 푸른 꽃을 거룩하게 피우고 있다

따뜻한 눈길 한번 끌지 못해도
진정 너는 풀꽃 중의 풀꽃
짧은 밤 어머니의 하얀 한숨 소리
푸른 꽃에 이슬 되어 새벽을 열고 있을 때

8월의 길섶에 서서 고개 살랑살랑
무더위에 지친 길손을 마중하고 있다.

삶이란

삶이란
툇마루에 잠시 머물다 가는 겨울 햇살

삶이란
좁은 골목길을 잠깐 휘돌고 지나가는 바람

삶이란
초승달이 하현달로 지는 것과 같은 것

삶이란, 그래도
불꽃처럼 사랑하고 뜨겁게 살아내는 길

산딸기 외 1편

권 순 악

시장 노점상에
빨갛게 익은
산딸기 한 바구니
고향 뒷산에서
풋사랑 수줍던 그 얼굴이
한 바구니 가득하네
서둘러 사가지고
녹음 짙은 숲과
산꿩 소리도 담아가지고
추억 속으로 달려갑니다.

그대 뜰 안에 핀 꽃

나는 언제나
그대 창가에 떠도는 흰 구름

나는 언제나
그대 창가에서 노래하는 산새 한 마리

나는 언제나
그대 뜰 안에 핀 한 송이 꽃

보고픈 편지를 구름에 쓰고
보고픈 말을 산새에 전하고
꽃이 되어 그대 뜰 안에 피었다오.

행복한 삶, 하기 나름 외 1편

권│영│억

온 세상 내 가슴에 품으면 즐길 줄을
명상의 멋진 생각 좋은 하루 살지우니
희망 꿈 찾기 노력하면 행복은 뉘에게도

준비코 살아가면 생각잖게 떡 생긴다
욕심은 멀리하고 여명하에 달려라
인생의 가는 길 돌고 도니 잡는 자의 몫이라네.

명절은 바빠

성묘는 연 한번이 없는 집 제삿날 오듯
도는 세월 숨었다가 어느새 열두 달이
온 들녘 황금빛 깃들 때 만남 행사 추석 명절

지난해 미진했던 뿌리 제거 마음먹고
형제자매 땀을 모아 오랜 전통 지키고자
모두가 성심성의 헌작하고 명년 기약 평화롭네.

산사의 아침 외 1편

권 오 견

새벽잠 깨어난 높은 산
몸 낮추고 성불할 무렵

장삼 끝에 묻어나는 목탁 소리
세상 틈서리까지 파문 진다

동녘에서 솟는 해
불심에 젖었기에 붉게 빛난다

풀잎에 맺힌 이슬의 빈 마음
우주가 환하다

때묻은 내 마음 헹구어 내는
산사의 아침.

푸대자루

우리집 마루 한구석에
푸대자루 놓여 있다

진종일 쏘다니다 대문 열고 들어서면
허전하게 빈 내 마음 가득 채워 주던 아내
세월이 지나면서
어느새 눈도 귀도 멀어진 어둠컴컴한 자리
쭈그러진 푸대자루로 앉아 있다

싸늘하게 식어 가는 아내를
오랜만에 두 팔로 껴안아 보면
둥글게 살아 오른다

우리집 환하다
헐렁한 아내
오늘은 꽉찬 푸대자루로 앉아 있네.

인왕제색도 외 1편

권 화 이

비 그친 인왕골에 솔바람 잦아들 제
송연묵松煙墨 짙게 갈아 한 호흡에 붓을 들어
풀어낸 맑은 뜻으로 선경을 그렸어라

빗물로 산을 씻고 눈물로 안개 그려
북악에 흘러내린 인왕바위 쓸어 담고
정 따라 먹물을 풀어 붓을 잡은 해거름

마음을 비워 내니 사방은 깊은 정적
찰나에 영겁 알고 깨달음이 찾아들면
빈 산에 저 홀로 앉은 빈 집 하나 남았어라.

강가의 나목裸木

이토록
지키고픈
애달픈
염원 있어

마지막
잎새 하나
차마 놓지
못한 채

먼 하늘
조각달 보며
솟대 되어
서 있다.

어머니 그때도 그랬지요 외 1편

금 동 건

어머니 그때도 그랬지요
살을 에는 추위와 눈꽃이 내리는 그날
떡과 음식 준비에 참 바쁘셨지요
어머니 그때도 그랬지요
온 가족 친지가 모이는
설날을 위하여 손과 발
부르터지도록 음식 장만하셨지요
어머니 명절이 수차례 지나갔으나
가족은 없는 명절 음식 없는 차례상
어머니의 손맛이 그리울 따름입니다.

엄마의 가을

엄마의 가을은 분주하였지
타 닥 콩 타작
고구마 누렁호박도 수확
가마솥이 뿜어 내는 포말
구수한 고구마 익는 냄새
새참 바구니 이고
메뚜기 따라 구불구불
엄마의 가을은
발바닥에 불이 붙었지.

낙화 외 1편

김 강 좌

담장을
넘어서는 금빛살에
사분사분 꽃잎 벙글어
속살까지 붉어지는 능소화

벌 나비
몽환에 취한 듯
종일 붐비다 떠난 자리에
얼비친 달빛 두르고 긴 밤 지새운다

새벽녘
숲 언저리 돌아오는 솔바람에
풀꽃들 분주한 눈맞춤으로
춤사위도 고운 날

길어진 기다림에
울컥 속울음이
마음 돌듯 맺히더니
그리움 같은 꽃잎이 진다

하르르
하르르 눈물로 진다.

홍매화

푸른빛 속살 열어
새벽을 깨워 놓고
온 숨결
하늘 바라 붉게 빚은 그리움

우르르
꽃잎 벙글어 봄 마중 분주한데
여우비 시샘하듯
사분사분 젖어 드니

무게를 이기지 못해
꽃술만 남긴 채
바람 곁에
그림자로 누울까 하냥 조바심에

몇 점의
꽃잎 따서 찻잔에 우려 놓고
화폭에 꽃물 적시니
다시 피는 그 숨결.

나의 비밀 정원 외 1편

김 건 배

내가 정성 들여 가꾼 정원
언제나 내 의식에 복종하여
아름다운 꽃을 피워내던
비밀 정원

내 욕구에 따라 꽃을 피웠던
내 결정에 따라 향기를 풍기던
영원히 내 청춘이라 믿었던
비밀 정원

이제 내 의지를 벗어나
자신의 의지마저 상실된 채
쿰쿰한 살에서 깊은 잠에 빠져 버린
처량한 나의 비밀 정원.

살아가는 일은

내 곁을 맴돌다
나를 힘들게 하고 사라진
한때 김칫소처럼 소중했던 것들

소중한 무언가를 남겨둔 채 떠난
소중한 무언가를 떼어내 가져간
마음에 잔잔한 물결을 일으킨 이야기들

수런거리는 수많은 밀어
행복은 막차를 떠나보낸 간이역처럼
도착하는 순간 떠나 버리는 슬픔

밤하늘의 별처럼 가물거리다가 서서히 흐릿해지는
그 흐릿하게 사라지는 사라짐 속에서
내 곁을 맴돌다 사라지는 온갖 이별

살아가는 일은
희미하게 시간 속으로 가뭇없이 사라지는
치렁치렁한 이별의 연속.

재개발지역 외 1편

김 검 수

개발지역 사람들은
아직 개발하지 못한 이야기를 한다
바다 위 검은 구름은
흐린 징조라고 서로 말한다
흐리다가 개는 날이 있다고 말한다
산능선에 꽂힌 깃발이
펄럭일 때마다 구름을 지운다
팔짱 끼고 앉은 이야기마다 서로 다른
긴 간이의자를 당겨 앉는다
궐련 한 대씩 피운다
날개 퍼덕거리는 이야기만 주고받는다
이야기에 마침표를 찍고
헛기침 몇 번에 빈 하늘을 본다
어깨를 다독거리며 이윽고
고개를 세운 눈빛들이 몰려가는
산능선 아래를 불도저가 깎아먹는다
십장이 다시 막대기를 꽂는다.

무도병

아내,
오늘은 호두까기 인형이 된다
카르멘이 된 난
장미꽃을 입에 물고 그녀의 뇌쇄된 눈빛을 본다
사람들은 속도 모르고 춤을 춘단다
광활한 평원을 지나 허물을 벗어 던지는 꿈
그 꿈을 위해 분홍 토신 벗어 던진
맨발의 마돈나,
삼 년째 누워만 있다
손톱만 길게 내민 채
놓쳐 버린 과거를 돌이키려
누워서도 발끝을 세운다
구석진 자리는 늘 젖어 있다
기억 속 풍경을 지울 저 강변 어디쯤
솔바람 지나가고
그녀는 밤마다 잃어버린 날개를 찾아
춤을 춘다 그렇게 시곗바늘도 조용한
중환자실엔
유배당한 귀만 살고 있다
귀만 살고 있다.

그루밍족 외 1편

김｜경｜언

남자가 반란을,
보릿가루에 버터로 뭉갠 팩을 붙인다
파우더 속 가면의
이중성이 밖으로 튀어나온다
창백한 얼굴에 금발 염색이 유행하던
르네상스 시대가 되돌아왔다

머리에서 발끝까지….

외모가 인생 당락의 열쇠라며
문턱 높은
뷰티 샵을 뻔질나게 드나드는 남자
앞태가 반짝거리고 뒤태가 빛나는 남자

갈색 가방 속,
빨간색으로 남자를 탐하는 립스틱
더 이상
여자들의 전유물이 아니다
고양이가 털 고르기를 하듯
얼굴 고르기 하는 남자.

된장녀

물 건너왔다
딱 봐도 내 스타일,
발딱 선 자존심
허파가 쇼핑을 한다
튀어야 배알이 편하다

이중 스테인레스 냄비,
텅 빈 내면 들통날까
하얀 바닥 드러날까
불안, 불안,

허영심이
뒤통수 때린다
눈치 염치
보도블록에 깔아뭉개고
물 건너간다.

겨울나무 외 1편

김 근 숙

어둡고 긴 겨울밤
참 많이 무서웠겠다

갈라진 살갗 속으로
파고드는 모진 바람 눈비에
참 많이 추워 떨었겠다

피붙이 다 떠나보내고
혼자 당한 외로움
참 많이 서러웠겠다

그런 날들
그저 의연히 속으로만 삭이면서
아주 깊음 속에
품고 있던 새 생명 하나
그것 연두색 물려서
바깥세상 내보내려고 견딘
인고의 세월

천만 번을 아파도
주어진 그 자리에서
묵묵히 제 할일 하고 있는 겨울나무

그 앞에 서면
나는 참 많이 부끄럽다.

등

멀리는 아닐지라도
가까이의 앞길만이라도
밝혀 가리라 마음먹고
늘 그 정도 불빛의
등불 하나 켜놓고 살았다

발걸음 헛되이 놓지 않으려
땅을 보고 걸었고
헐한 모습 보이지 않으려
옷매무새 거듭 확인하며
살아온 날들

먼 길 걸어온 지금 돌아다보면
그래도 흔들려 가물거린 적도 있다만
강물에 일렁이는 불빛이듯
더 고운 색으로 조화 이루어
삶을 채색해 주기도 했었지

고맙다 이 가을밤
한결같은 빛과 온기로
말없이 나를 지켜주는
가슴에 매단 등불 하나.

추석 외 1편

김 기 순

피붙이의 의미
되새겨보는 추석 명절

달리는 마음은
벌써 고향에 가 있고

두 팔 벌려 반기시는
보름달보다 더 환한
부모님 얼굴

그리워, 그리워서
서두르는 고향길

끊임없이 이어지는
눈부신 색색 비단 물결

그 비단 물결에
나도 곱게 물든다.

오래된 벗은

오래된 벗은
잘 숙성된
묵은 장맛이다

만나면 만날수록
구수하게 우러나는
야릇한 맛

그 맛에 취해
해 가는 줄 모르고
추억을 떠먹이고 떠먹다
아쉬움의 자리를 뜨는

참 맛있는 만남이다
오래된 벗은.

고문서 古文書 외 1편

김 기 전

집에나 있을
고령의 팔십팔
멈출 수 없는
수집의 재미

세월의 가치와
역사도 찾고
일제 36년으로
단절된 민족사

이제라도 찾아서
그 옛날을 바라보는
소중하고 귀중한 사료

길을 가다 만났을 때
몇백 년 전 판도라
여는 기쁨

보고 또 봐도 또 보고픈 맘
나 혼자 웃음 짓는
기쁨이라네.

개나리

개나리가 피었네
개나리가 피었네

성미산 등산로에
개나리가 피었네

노랗게
노랗게
한무리로 피었네

눈부시게
눈부시게
한무리로 피었네.

넥타이 외 1편

김낙연

아침마다 거울 앞에서
멋 내고 싶어 매는 넥타이Necktie
어찌하여 자살 도구로도 쓰이는가

화려한 연회장에서
시선을 당기는 그대의 의젓한 풍채
돋보인 넥타이 덕분이다

하지만 그대는 지난밤
무슨 잘못을 또 저질렀기에
목에 다시 넥타이를 조여 매는가

넥타이를 매고 지내는 하루하루
숨긴 양심을 깨우치면
조석으로 바꾼들 누가 탓하랴

아내가 골라 주는 넥타이
색채와 무늬에 현혹되지 말고
그 깊은 심정을 헤아릴지어다.

길 찾기

활짝 핀 함박꽃 연한 향기
집안에 흠뻑 고이는 초여름
속세와 첫 만남은 수난의 시작이다

유아세례幼兒洗禮의 축복은 어긋난 것인가
어머니의 품에서 이산가족으로 밀려
홀아비 손에 끌려 고향 산천을 등지니
낯설고 각박한 생존의 시련이라
심신의 등받이를 찾아 길을 묻고 찾음이나
세례의 여진에 놀라 돌이켜 뉘우치며
삶의 오류의 검은 흔적을 레테Lethe강※에 뿌린다

이 길이 옳은가
스승에게 묻고 깨친다
이 길에 진리가 있는가
고승 앞에 무릎을 꿇는다
이 길로 낙원에 이르는가
목자牧者에게 거느림을 간구한다

하지만 미득未得의 의구심은 머리에 똬리를 틀고
궁리해도 영혼의 참 길은 아닌 듯하다
신앙심으로 수신修身에 정진하며
허둥지둥 세월 따라 어느새 나이만 쌓인다

노을 진 산마루에 앉아 회한의 눈물로
굴곡진 세월을 반추하며
산산이 부서지는 심신을 다시 추스른다.

※레테강: 그리스 신화에 나오는 망각의 강江.

가을 산 바위 외 1편

김 남 구

우직愚直한 산지기
나신裸身으로 들앉아
온 산에 지핀 꽃향기에
취해 버렸나

건너 산잔등 양떼구름에
시선視線을 날리며
천년을 살아온 그 한자리
태초의 말씀으로 생명줄 삼아
종일토록 권태로움 잊은 채
그런 무표정으로
또 어떤 얼굴을 기다리고 있나

먼 물소리, 솔바람 가까운데
묵언의 선문답先聞答으로
또 어떤 꽃소식을 그리고 있나

불타는 가을 산 다하기 전
어느새 덩그러니 타버린 채
안으로 안으로
침묵의 핏물 삼키고 있다.

나무 떨켜

겨울을 준비하는
나무들의 지혜
털어 버려야 할 때 분별하는
놀라운 생의 이법理法
하늘의 은총인가

싱그런 녹음으로 장식했던
파란 생명의 혼魂들
어느새 우르르 글썽이는 눈물은
찢어진 엽서에 그려가는
망각의 꿈인가

자유로운 바람의 몸짓에
이리저리 뒹굴다가 모롱이를 돌아가는
그리운 분신들의 자국

때를 따라 하늘 음성에
귀 기울이는 순리順理의 달인達人.

꽃무릇 외 1편

김 | 남 | 희

누가 저 형벌을 멈추게 해다오
일어섰다 쓰러지고 쓰러졌다 다시 일어서는
질기디질긴 목숨
평생 달고 살아야 할
숙명, 그 이름
주홍글씨

구석진 빈 정원 홀로 피어
바람에 흔들릴 때마다
갈겨쓰는 혈서
말없는 시위
처절한 고백
나는 죄 없다, 나는 죄 없다
당당히 외쳐대는
붉은 저 입술

찢어진 입술 틈 사이로 혈흔이 낭자하다.

말[語]의 공작실

완성된 소리를 다듬기 위해
말의 사육사가 필요해
조련사는 필요없어
길들여지지 않은 말 방목하면 난폭해지지
혀 속에는 비수가 숨어 있어
언젠가는 당신 해칠지도 몰라
가시 돋친 말일수록
심장에 깊이 박히는 법이지
함부로 말을 내보낼 순 없어
얽히고설킨 실타래 푸는데는
인내가 필요하듯
한 올 명주실 비단이 되기까지
누에가 빛을 발휘하는 시간이지
딱 그만큼의 거리
아니, 눈 한 번 감았다 뜨는 시간
그 시간이면 충분해
생각 없이 말을 남발해서도 안돼
말을 만들어 내는 공작실에선
적당한 타협이 필요한 거야
그것은 생각
말을 조율할 줄 아는,

강원도 정선 외 1편

김 대 식

구구절절 사연 많은 구절리
산골짜기 굽이굽이 흐르는
아우라지 강물

푸른 물결
무정하다 말하지 마라
숯이 된 마음
금년 장맛비
네 집 내 옥토 온데간데없네

하늘아 구름아
너는 아느냐
내 아픈 가슴 말일세

산길 따라 물결 따라
정선장터 가는 아낙네
마음도 몸도 힘겹기만 하구나.

정든 고향

정들은 고향 산천
보고픈 벗들
아쉬움 뒤로 접고
귀향길 재촉하네

흰 백설 나부끼며
마디 굵어진 손마디
싸리문 박차고
눈물 지으시던 어머니

고소한 참기름병
깊은 정성 담아 주시고
어려운 살림살이
고추처럼 맵게 살라고

사랑 담긴 보자기
손에 쥐어 주시는
당신의 희생은 어디로 가고
눈물로 정성으로 주신 그 마음

산마루에서 멀어지는
흔적조차 없는 그림자
어머님 모습 지금도
아들의 마음 애절합니다.

대추 외 1편

김 동 석

높아진
쪽빛 하늘
햇살 내려 눈부시다

잠자리
입맞춤은
붉은 빛 받아내어

풍요한
대추 열매가
하나둘 영글어 간다.

9월의 문

말매미 울어대던 모습은 어디 가고
밤마다 귀뚜라미 울음소리 들려온다
한여름
아른거리던
짙은 열기 채색된다

길가엔 코스모스 바다엔 숭어 떼가
갈바람 군무 추고 세상이 합창한다
한바탕
멜로디들이
웃음 가득 맴돈다.

눈으로 생각하다 외 1편

김 동 애

눈은 촉수가 흡수한 것을
가슴속에 씨앗으로 모아 둔다

귀쪽으로 향할 땐
소리의 울림을 귀로 들어 '보고'

코로 냄새를 맡아 '보고'
입으로 말해 '보고'
음식도 먹어 맛을 '본다'

손으로 만져 '보고'
자신도 조용히 들여다 '본다'

그래서 눈을 마음의 창이라 했나?

어울림

바닥에 납작 엎드려 자란 야생초는
큰 나무를 부러워하지 않는다

산은 높아서 좋고
골은 깊어서 좋다고

제멋에 피는 꽃들은
모습과 색깔을 무심히 피워도 곱다

조화를 이룬 합창은
귀를 즐겁게 하고

리듬에도 강약이 있으므로
지루하지 않는다

오늘밤 하늘나라엔 경사가 났나 보다
별들이 모두 나와 불꽃놀이에 한창이니….

뜸부기 외 1편

김 동 익

푸른 초원 실타래 풀어 놓은 논두렁길
우기 장마에 미꾸리 피래미 물고에 모여들고
농부 밀짚모자 반달 모양 오르락내리락
뜸부기 날아들어 농부 일손 장단 맞추며
논두렁 물고에서 뜸부기 노래 들려오고

바람에 볏잎 소리 물고 물소리 뜸부기 소리
자연 소리 들녘에 울린 옛 마을 앞뜰 풍경
친환경 먹거리 풍년 참 좋은 세상입니다.

사랑의 연서

전생前生 무슨 업보業報에 서간書簡만 주고받다
교복을 벗고 머리하고 만남 되었다
짝사랑 한 인연因緣 맺음인가
서로 보고 웃음만 짓다가 말 못하고
투덜투덜 울그락불그락 붉은 얼굴
천진스럽고 순박했나 용기가 없었나
서로가 가슴에 그림으로 담아 둔 세월
진혼곡에 혼풀이 춤추며 만남의 약속으로
인연도 그리움도 구름처럼 피어 잊어 갑니다

염원의 세월은 가고
흔적은 흐트러지고
당신을 볼 수 없는 공간의 세계
님의 시詩 한 줄 남기고
멀리 떠난 연인은 잊혀져 갑니다
유유히 흔들리는 버드나무 흐늘어진 연정 줄기
억세게 휘몰아치는 강 폭풍우에 꺾지 못한 인연
남쪽 훈풍 해님 따라 밝은 신천지에서 촛불을 켜봅시다.

오솔길 외 1편

김 문 배

백련사※ 혜장 스님
찻잔 든 손 길게 뻗어
"녹차 한잔 드시오."

다산 초당 약용 선비
술잔 든 손길 멀리 내밀며
"곡차 한잔 드시오."

동백꽃잎
뚝
뚝
떨어지던
달빛 아래 졸고 있는
하얀 오솔길.

※백련사: 전남 강진군 도암면 만덕리 만덕산에 있는 사찰로 통일 신라 말기(839년) 무염 스님이 창건. 불교개혁운동인 백련결사가 여기에서 시작됨

달빛 수채화

하얀 달빛이
애기 손바닥만 한
졸고 있는 빈 마당을
비추고 있다

초가지붕 위로 올라간 박넝쿨도
하릴없이 서 있는 싸리문도
졸고 있다

도둑고양이 한 마리가 느린 걸음으로
제 그림자를 밟고 마당을 건너간 후
방 안의 도란도란 속삭임도 멈추고
문고리 잠그는 소리에 놀라
애절한 귀뚜라미 사랑 노래도 멈춘다

달빛이 하얗게 내리고 있다.

긴 여정 외 1편

김│병│영│

뜻 없이 왔다가
어디에 닿나
긴 여정旅程

묻고 물어도
아는 이 없고
어디에서 온 걸까
닿는 곳은 있을까

꽃은 피어 탐스럽고
당신이 있어 좋았네
하늘에 흰 구름 가고
강물도 소리 내어 흐르는데
세월만 덧없이 가네.

석양에 마음

석양은 지기 싫어
저녁하늘
노을로 붉게 타고

망향望鄕은 있어도
어메 없어 안 간다
지환이 제환이
모두 떠나 혼자 남고
좋은 동무 다 보내고
서글퍼지네

울긋불긋 가을 단풍
가랑잎 되고
낙엽 굴리는 겨울바람
외로움만 더하네.

가을 서녘에 빠지다, 문득 외 1편

김│병│철

 가을 서녘에 빠져 강가를 걷다 강둑 아래 강가보다 서너 발은 더 강으로 나가 터를 잡고 서녘 볕에 깡마른 몸을 데우는 갈대들을 보다, 문득
 푸르던 아득한 날들 허방에 빠져 허둥대던 그 발걸음들을 이제야 새삼 생각한다

 그 발자취 따라 세월 보낸 만큼 시나브로 나이를 먹고
 눈 깜짝할 사이 봄여름이 갔고
 어느새 이 가을도 저만치서 손 흔들고
 얽히고설킨 세월의 궤적 따라 미로를 헤매며 허투루 보낸 지난날들

 헛디딘 허방 헤매던 그때를 새삼 끄집어내어 아쉬워하고 때론 그리워하는 건 내 삶도 이제는 저물었다는 이유일 게다

 빼꼼한 문틈처럼 활짝 열어젖혀 놓지 못해 답답하기만 했던 지난 가슴 들여다보니 새록새록 옹이처럼 도드라지는 날들, 날들

 가을 서녘 산마루가 붉다
 한 줄 바람은 또 갈대숲을 휘돌아 강을 건너가고
 끝내 오늘도 하루가 허물어져 어두워지겠지만 그래도 아직은 지난 가슴속에 도드라지던 옹이처럼
 달도 뜨고 더러 별도 몇 뜨리
 내일도 또 모레도….

이 나이에 행복

아침 일찍 잠에서 깨어나면
희끗희끗 머리가 세어가는 아내와의 눈맞춤도
이 나이에 행복이오

서로 마주앉은 아침 밥상 김이 피어오르고
혼밥 아닌 눈길 마주하며 서로 하니
늙어 가는 이 나이에 또한 행복입니다

살가운 바람 맞으며
뒷짐에 호미 들고 유유자적
넘쳐나는 냉이꽃 제비꽃 이름 모를 풀꽃 길 지나
오늘도 나지막한 산 밑 내 작은 밭뙈기를 찾았으니
이 또한 행복이오

푸르름 넘실대며 풋풋하게 커가는
싱그러운 내 어린것들 돌보는 재미며, 도랑 물소리
산새들 노랫소리에 나도 푸르러져 여기 있으니
이 또한 행복입니다

내가 늘 올 수 있어 여기 있는 일상 또한
이 나이에 더없는 행복입니다
그중에도 아내와 같이 늙어 간다는 것
늘 옆에 같이 있다는 것이 제일의 행복입니다

어느새 사랑하며 살아온 날들보다
사랑할 수 있는 날들이 점점 줄어드는 세월
같이 있을 수 있는 그날까지
더 많이 위해 주며 더 많이 사랑할 일입니다.

찔레꽃 외 1편

김 복 만

오월의 요정, 들장미로 피었나…
순결 감고 새하얀 은비늘이다
매운 향내 골짜기를 잡고 있다
깔끔이 매무새지만
긴장 풀고는 집적이기 쉽지 않다
매서운 눈초리 스스로 강골이다
개울가, 건너 길섶, 언덕바지
외롭지만 단정하고 야무진 결기
토속적 낭만만이 아니다
스스로 감싸안는 작은 세계가 놀랍다
황소도 놀라 움찔하는데

새침한 가시덤불 너울 위로
연보라 노을이 흘러간다
꽃바람에 실린 진한 향기
애절한 꽃무리 연인 같지만

장미꽃으로 넘어서는 꽃다발도 아니고
정원의 생울타리 잡고 울고 가는
저 야성, 외골수, 쓰린 가슴
정갈에 감긴 들꽃, 그 본성을 본다.

강변 서정

빛바랜 주홍빛, 건너 산기슭
차고 푸른 물비늘에 일그러진다
어슬녘 거님길섶 스산하지만
토종 맹그로브 넉넉한 염불 속삭임에
갈바람 안고 '그룹 안단티노 악단'이다

미틈달 먼 비늘구름 졸고 있는데
딱정이 씨앗들 악보 위로 흩날리고
갈꽃무리 산수화 밑그림 그려낸다
가으내 속살 겹겹인 정감들
허허로운 속마음 밀어내는
어둠사리 파적破寂의 물오리 떼

연보랏빛 노을 흘러내리면
맨발로 물얼음을 엮어내는 강골이지만
발아래 무심히 너훌대는 외로운 넋들
알게 모르게 제몫을 걸러내는
갈잎의 노래 '세레나데' 정겹고
아래로 맵자한 낮은 삶들 낭만에
허무만이 아닌 에움길
빈 마음으로 간다.

두 나무의 인연 외 1편

김｜복｜성

겨울 산책길 이름 잃은 두 나무
오래된 인연인 양 부둥켜안고
칼바람에 부들부들 떨고 있다
오르막 두 갈래 길목을 고집스럽게 버티고
땅속 깊숙이 줄달음쳐 엉켰을 뿌리
가지들은 저 높은 허공 채우려는 욕심에
서로 벌거벗고 풀 수 없이 엉켜 있다
처음 맺은 청실홍실이 퇴색된 채
한 나무는 시계 방향으로 삐져 자라고
또 한 나무는 반대 방향으로 휘감기어
커브 길에 맞대어 있다
수백 년 미운 정과 고운 정이
뗄 수 없이 살갑게 엉켜 있다
동거동락한 두 나뭇가지 사이 한 마리 새가
실한 둥지를 틀고 짝지을 신호를 노래한다.

무허가

몇 세대 이어 간 건물에
번식된 버섯처럼 작은 집 하나 붙어 있다
실외기 굵은 호스와 벽 사이 공간
견고한 구조의 무허가 건축물이 들어섰다
이른 아침을 깨우는 알람처럼
새 소리를 매일 들으면서도
집들이 초대는 알아듣지 못했다
오랫동안 같은 주소에 동거해온 새
가시나무 가지에 크고 작은 나뭇가지와
흙으로 실하게 엉켜 지은 집 한 채
이 한 자루의 무허가 건축물을 해체한 잔해들
가장 높이 숨겨 둔 작은 둥지 껴안고
깊이 숨긴 알을 내가 대신 품고 있다
빈번히 창밖을 다녀간 집 잃은 새
새 날개의 그림자만 아른거리며
우리의 인연의 미련을 짖어대며 지나간다
미안한 나는 꽃바구니로 튼튼한 새집을 지어 놓고
매일 아침 새 소리를 기다린다.

먼 길 외 1편

김 복 수

먼 길이라고 겁먹지 마라
나서면 갈 수 있는 것이 길이다

먼 길이라고 뒤돌아서지 마라
가까운 길도 먼 길이 될 수 있다

먼 길이라고 결코 포기하지 마라
이 세상에 갈 수 없는 길은 존재하지 않는다

보이지 않는 길이라고 망설이지 마라
네가 가면 길이 되는 것이다

풀잎에 내린 이슬도
길을 나서면 바다에 간다

처음부터
한발 한발 걷다보면 갈 수 있는 것도
먼 길이다.

먹감나무

열두 칸 종갓집 툇마루 담장 곁에
먹감나무 한 그루 담장을 베고 누워 지낸다

마루에는 먼지들이
서까래에는 거미들이 좌정한 큰 사랑엔
꺼멓게 가슴이 썩어 가는 먹감나무 한 그루
앉아 있는 날보다 누워 지내는 날이 많다

그래도 먹감나무 이름은 어디 가랴?
잘 익은 홍시 서너 개 손에 들고
가을이면 신작로 길을 내다보기도 하는데

사랑방 먹감나무
간간이 누구를 찾는 것인지 부르는 것인지
기침 소리만 혼자 문을 들락거리고

그믐달 같은 그림자
기대고 산 세월 어찌 잊으랴
홍시 한 알 주워 들고

"입맛이라도 다셔 봐요"
수저로 떠서 입에 넣어 주며 어린아이처럼 얼러 본다

외로움이 쌓이고 쌓여
꺼멓게 굳어 버린 먹감나무처럼
늙은 시인詩人의 마지막 시詩 한 연처럼

저만큼
짧은 늦가을 해가 누구를 붙잡고 놓지 않는 것인가.

거울 앞에서 외 1편

김｜봉｜겸

거울 앞에서
낯익은 누구를 본다
저 표정, 저 모습
그러고 보니 요즘의 내 언행言行에서도
그 누군가를 느낀다
누구더라
그래, 내 아버지
거울 속에 마주한 얼굴은
영락없는 기억 속의 아버지다
그렇다면 요즘의 내 생각도
아버지가 하셨던 생각과 같은지 모른다
아, 아버지
언제나 보일 듯 말 듯
잔잔한 미소를 띠우시던,
모든 것이 반듯하시던,
모든 걸 다 주고 가신
사랑하는 나의 아버지

생각

일흔 살 아침에
문득 떠오른 생각

걸리적거리지 않기
지우며 살기

그래서 먼저 실천할 일
출퇴근 시간에 나서지 않기

그리고,
그리고 모두 다 사랑하기

도리道理와 순리順理가 단순單純해지는
일흔 살 아침

땅콩을 까며 외 1편

김 사 달

밖에는 영하의 겨울이 웅성대지만
덧문 속 알전등 밑은 달맞이꽃 색이다
8자형으로 마주앉은 조강지처와
8자형으로 생겨먹은 땅콩을 깐다
음지 양지 다 겪은 놈이라 어찌나 영악한지
어금니를 다그치고 깨부순 터에
급소만 살짝살짝 눌러 주면
가진 것 다 내놓지 않느냐고
시범을 보여주는 아내를 본다

급소를 알아버린 아내가 두려워
헛들은 척 따라하며, 이것도 밥 먹는 지혜로고!
엄지와 검지로 8자의 정수리마다 짚어 나간다
두 알씩 더러는 한 알씩 알맹이가 쌓여 가고
어쩌다 깜부기도 있지마는
이만한 세월에 허방인들 없겠냐며
베자루에 불룩이 세월을 담는다.

황혼 한 초롱

푹 삶은 메주콩 한 함박
절구에 붓고
황혼 한 초롱 채워 넣고
아내와 번가르며 절구질한다

저무는 세월이 으깨지는 내음
소방울 소리 외양간에 영롱하여라

메주를 찧다 말고
옆구리를 집적이니
간지러워 웃는지 무엔가 통하는지
말없이 오가는 미소에
초생달이 기웃댄다.

최고의 피서지 외 1편

김│서│연

연일 최고도의 온열
2018년 24년만의 40℃

계곡에 피서 가자는 작은아들
며느리 준비물에 누가 될까 사양하고

이글거리는 앞마당에 불볕더위
호랑이 눈빛보다 더 무섭다

큰아들이 새로 산 선풍기 쌩쌩 바람
대청마루에 누워 눈꺼풀과 씨름하며

한국시인연대 『한강의 영언永言』
460편 시 읽으며
하하 으으 가슴이 울컥할 때도 있다

올여름 최고의 피서지
마루에 누워 등 싸움하기
시를 음미하며 여름을 이겨 낸다
시 읽기 5일 만에 완전 독음이다.

가을 하늘

구름 꽃
곱기도 해라
자연의 손이 하늘에 수놓았네
융단에 실크빛 자락

푸른 하늘 사이로
한올 한올 풀리는 웃음꽃 자락

몽우리
하이얀 미소 바라보며
삶 속의
풀지 못한
과제물 하나 올려놓는다
구
      름
           꽃

소망 하나 풀어 주려나.

물을 기피하는 이유 외 1편

김 석 태

인자한 산보다 물을 좋아했다
이젠 물보다 산을 좋아한다

12살 난 후배 아들
시에서 설치한 생태보에서
수영하다 수문에 끼였던 일
그냥 묻힐 뻔한 억울한 사연
한 서린 마음들 풀어 줬던 일

물에 어리는 소천한 어린아이
손짓하며 내게로 다가오면
멈칫 뒤로 물러 하늘을 본다

목욕과 강수욕, 해수욕도 싫어
올 염천 더위에 진남 영강을
옛일 떠올리며 걸었을 뿐,
고모산성을 향하며 마음 달랜다.

가을 야생화 되었네

호젓한 옛 돌고개 넘어
진남교 텃밭을 간다

갈 길가에 핀 구절초,
쑥부쟁이, 뚱딴지 꽃들….

길거리 투쟁의 야인
이렇게 닮을 수 있을까

아름답고 청초한 들꽃
저 소박한 예쁜 꽃들을

귓전 스친 향긋한 갈바람
응어리진 폐부를 녹였네.

그림자 놀이 외 1편

김 선 례

모두가 잠든 밤 가로등 불빛 사이로
진한 외로움만 짙어 가고
쑤셔 오는 뼈마디마다 긴 고달픔이
가슴 깊이 서러운 밤
피곤을 누이는 발자국 소리
무심히 올려본 이지러진 달그림자
나의 길을 비추어 주는 쌍둥이 등불

반짝이는 불빛 근처로 다가선 그림자
때론 앞에서 이끌어 주고
뒤에서 밀어주며 다정히 다가와
힘내라 등 결을 토닥이는 마음
두둥이 엇갈릴 때면 그림자 셋이서
한 몸 되어 쓸쓸한 저녁 길을
말없이 지켜주는 고마운 나의 친구.

사랑은

바람이 물어물어 가는 길
저렇게 산 하나를 훌쩍 넘는
단조로운 구름의 선
언젠가 양과 음의 이치로
만납니다

우주가 형성하는 오묘의 극치
혹은 세속의 비밀 하나도
신의 섭리로 오는
그 사랑 하나를 위하여
최선을 다하는 것

하늘의 원무를 그리는
저 새들의 간절한 유희
사랑은 그렇게 무수한 세월을
가슴에 품어 온유하며
오래오래 간직할 일입니다

사랑은 늘 믿고 겸손할 때
향기처럼 은혜로 내리는
메마른 땅에 단비와 같은 것을….

지리봉* 가는 길 외 1편

김 선 우

길가로 늘어진 나무 한 가지
지팡이로 사정없이 후려쳐
처참하게 잘려 나갔다
그렇게 부러진 나뭇가지는
영원히 이어지지 못한다
지팡이로 후려치지 않았다면
시원한 바람에 덩실덩실 춤도 추고
비 오는 날이면 목욕도 하고
아침 이슬과 입맞춤도 했겠지
그 나뭇가지
모진 바람에 꺾이는 것이야
어쩔 수 없다 하지만
나로 인해 무참히 잘려 나갔다는
생각을 하니 미안하다, 미안하다
내가 후려친 나뭇가지는
땅에 떨어져
오고 가는 등산객들에게 짓밟힌다
그 나뭇가지는 누구도 원망하지 않는다
조금 불편해도
부러뜨리지 않았더라면 좋았을 것을
못생긴 나뭇가지가 나무를 지킨다는 사실을
진즉에 알았더라면 좋았을 것을.

※지리봉: 경기도 오산시 원동에 위치한 마등산의 한 봉우리

개미의 다비식

마등산* 오르는 길에
개미 한 마리가 죽은 개미를 물고
가파른 비탈길 오르는 것을 보았다
평생을 동반자로 함께 했을 것 같은
아니면,
부모 자식으로 맺어져 오랜 시간을
함께 했을 것도 같은 개미의
장례 행렬!
흰 눈 수북 쌓인 겨울 한복판에
꽃을 피우고 떠나셨던 아버지와
상여 둘레로 퍼져 나갔던 선소리꾼의
요령 소리에
유년 내 발걸음이 얼어붙었던 순간처럼
개미의 장례 행렬 앞에
얼어붙어 있었는데
눈꽃 피었다 진 그 자리에 오늘은
풀꽃이 피어
죽은 개미를 불사르고 있는
꽃향기 둥근 어깨를 엿보고 있다.

※마등산: 오산시 원동 부산동에 걸쳐 있는 산(해발 145m)

곰삭은 향기 외 1편

김 선 종

눈을 감아도
느껴지는 향기
산 넘고 물 건너
하늘 날아온
님에 향 가득
곰삭아 낡아 버린
무뎌진 영혼의 그림자
돋아난 그리움들
내 가슴에 그림자처럼
동승한 님에 향기
새벽에 이슬로 가슴 적시며
그리워했던 시간들
산고를 겪는 뿌듯함으로
당신에게 다가갑니다.

젖은 잎 가을을 사모해

솔내음 은은한
한가로이 주절대는
숲속에 시간들
이슬방울
불볕더위 식혀 주고파
밤새 준비하고
떡갈나무 이파리 바람 소리
가을을 사모해 배불러 오고
질고의 옷 벗겨
순수함을 기다림에
새 마음 동반하는 아침
햇살이 밀물처럼 파고들어
성난 아픔은 성숙한
자유의 뿌리를 내리고
암울한 풍경 잠재우려
무성한 숲을 펄럭이려
애쓰고 있네.

임아 저 강을 건너지 마오 외 1편

김 성 일

사랑은 그리움이다
너와 내가 있어서 사랑이라면
그 사랑은 높은 곳에서 빛나는 별빛이다
두 가슴에 사랑의 불꽃이 타고 있다
나 사랑한다면 별을 하나 따 주세요
그래요 별을 따다 드리지요
한겨울에 장미꽃도 따다 줄 수 있지요
내 가슴속에 사계절 피어 있는
수많은 꽃들이 그대를 위해 불타고 있는데
사랑하는 마음을 서로 만져 보는
그들의 날씨는 언제나 맑고 따뜻했다
잉꼬는 같은 체온으로 촌락을 누비며
언제나 맑은 화음으로 노래하며
한 보금자리에서 꿈을 꾸고 있다
헤어질 수 없는 사랑
그들은 행복의 전원을 가꾸는
사랑의 연금술사이다
우리 함께 손잡고 멀리 저 강을 건너
따뜻한 언덕에서 영면해야지요.

해운대 해수욕장에서

하얀 인어들이
뒹굴고 있는 바닷가
무지갯빛 파라솔 아래
수많은 발자국과 모래성이
밀려오는 포말에 무너진다
공놀이하는 여인들
각선미에 머리가 어지러워
한눈팔기엔 순간이 안타깝다
뒤돌아보면 추억의 발자국도
모래성이 파도에 지워지듯
하나하나 사라지고
파라솔 사이로 소통하는 말들이
거침없듯 내 발걸음도 자유롭다
멀리 뱃고동 소리 음악처럼 들리는
이 백사장에는
욕망도 갈등도 삼악도도 없는
만발한 꽃밭이다.

단풍 외 1편

김｜연｜하

늦가을 설악산에 오르면
맑은 하늘 아래 물감을 풀어놓은 듯
꿈이 가득찬 나무들을 본다

자연은 추억을 잉태하고
만산滿山이 굽이굽이 홍엽紅葉으로
열정에 취해 불꽃을 지피는데

가을 끝자락 붉은 산은
누구에게나 피를 빠르게 돌게 하며
정 많은 시인이 되게 한다

사람이 살면서 한순간이라도
단풍丹楓처럼 울긋불긋 타오를 수 있다면
후회 없는 삶이 될 텐데

한세상 초록으로 살아가다가
마지막 떠날 때를 알고 몸을 낮추며
낙엽 되어 깊은 잠에 빠진다.

가슴속에 별 하나

눈부신 가을날
별이 빛나는 오솔길을 걸으면
사랑하는 마음이 여울져 오네

우리가 손에 손을 잡고
마음을 나누며 올려다본 하늘엔
별들이 가득히 반짝이는데

어느새 밤은 깊어 가고
산새들이 잠에 들어 고요해지며
침묵 속으로 젖어드는 밤

그대는 내 가슴속에서
초롱초롱 빛나며 반짝이고 있는
맑고 큰 사랑의 별이 되네.

가을비 외 1편

김 영 돈

겨울을 재촉하는
상강霜降이 코앞인데

철없는 빗방울이
꽃비처럼 흩날리네

바람에 부러진 허리
활처럼 구부린 채

비 내리는 장독대 한 모퉁이
외로이 서서

꽃망울 터트린
노란 국화 한 포기

수줍은 여린 꽃잎
흠뻑 젖어 애처롭다

행여
고운 향 무뎌질까
걱정이 태산이다.

윤회

어느덧 밤이 오면
잠시 숨을 고르며
눈을 감는 저 나무는

밝힐 촛불 하나 가진 게 없이
가득한 어둠 속에

보일 듯 말 듯, 전생前生의
발자국 소리에 귀 기울여

살금살금 다가오는
여명의 온기를 예감한다

가물대던 석등의 향 촛불
사그라질 무렵

새롭게 소생한 듯
어제를 하얗게 지워 버린 듯
한겹 더 단단해진 속살로

함성보다 더 치열한 고요로
사슬사슬 내리는 눈 속에
차마 발설하지 못하는

시린 싹들을 묻어 두고

벌거벗은 육신으로
또 한 계절을 잃어버린 채

하늘 가득 내리는 눈을
꽃처럼 반겨 안는다.

말도 없이
미동도 없이….

소금밭 외 1편

김영천

나는 염수처럼 한없이 풀어졌다가
그대 가슴에 갇혀
오뉴월 뙤약볕에
하얗게 소금으로 일어섰으면 좋겠다

단맛, 신맛 다 버리고
짜디짠 그 맛 하나로
꽝꽝하게 결정되었으면 좋겠다

더러는 녹아 눈물이 되더라도
사그락사그락
상처마다 깊은 아픔이 되더라도
오늘은 그대로 그대의 가슴에 갇히어
하얗게 일어서고 싶다

세상에 눈물 아닌 것 있는가

꽃소금은 아니라도
느릿느릿 결정되더라도
다지고 다진 토판 위에서
한 줌 빛나는 소금이 되었으면 좋겠다.

현훈

휘청거리며 한 축을 붙잡는다
축은 역시 같은 운동량으로 휘청거린다
어지러움은 좀 슬프거나
부끄러움 같다

아무렇지도 않은 듯 내 안을 돌아나가던 것들
꿈이나, 욕망, 집착
헛된 언어 같은 것들
그 심한 회전력이 이명과 함께 본격적으로 돌아가는지
어지럽다

휘청거리며 또 한 축을 붙잡는다
축은 그대로 서 있는데
나는 그대로 서 있는데
세상이,
당신들이 휘청거린다

죄도 없는데
지구처럼 삐딱하게 서서
어지러움은 좀 슬프거나
부끄럽다.

아침 외 1편

김 | 옥 | 향

느티나무가
아카시아 이파리만큼만 새잎을 내는 초여름
사랑한다
안 한다
사랑한다
안 한다
게임 같은 날은 갔다

진안 운장산 계곡
물고기 한 마리
햇빛이 가둬 놓은 물그물을 빠져 나와
물살을 거슬러 올라가며
새길을 찾는다

소나무가
서슬 푸른 기상의 촉각을 세우고
잎 끝에 맺힌 이슬은 맑은 세상을 비춘다

부처가 돌을 쪼아 꽃을 피우고
복주머니 속에
인생의 보물 석류알을 박아
금낭화에 전하듯.

황태국

뻐꾸기 한 마리
한여름 전깃줄에 앉아
세상 한복판의 고요로
제금난 자식의 행복을 숨막히도록 기원하다가
뼈를 묻은 불꽃이
천상에서 오로라 되어 오는
소리

늘어진 나비의 날개를
팽팽하게 잡아당기는
삶.

돼지 목에 진주 목걸이 외 1편

김｜용｜길

청산은 말 없어도 푸른 기상 잃지 않고
유수는 흘러가도 자랑 없이 흐르기만
바위는 폭풍이 불어와도 흔들림이 없으니.

천년의 세월 가도 푸른 하늘 의연하고
철철이 바뀌어도 푸른 바다 일색인데
가신 님 언제 오시리 기다리는 녹의홍상.

어린 아들 설빔으로 연두 조끼 입혀 놓고
딸에겐 꽃무늬 신, 둘이 다 기뻐하네
돼지 목에 진주 목걸이 거는 사람 미쳤다.

그 절색이 낙엽 져 가다

그리운 님 그리 뵙기를 애절히 기다리며
섬섬옥수 고운 손 꽃방석 꾸미느라
들창에 달 기우는 줄 모르고 지새운 밤이었소!

사랑할 해가 짧아 가을을 동여매랴?
꿈에도 그리 그리운 연정은 깊어 가고
청풍에 달 밝은 가을도 깊어만 갑니다.

추풍에 지는 낙엽 새봄이면 다시 돋고
애절히 떨어진 꽃 제철엔 다시 피지만
절색絶色*은 낙엽 져 가도 소생할 길 없으니….

※절색: 뛰어나게 아름다운 한 미인을 지칭함

달팽이의 꿈 외 1편

김은수

미로의 껍질 등에 지고
세상 향해 더듬이 내미는 수도승

삭막하고 메마른 그 길
고독한 살기 마시면서 천천히
풀숲 지나 빌딩 벽 오를 때도
아무 불만 없이 앞만 보고 간다

귀 막고 눈 감고 묵언의 발걸음
해가 지면 어둠 위에 걸터앉아
여태 온 길 모두 지우니
깜깜한 세상천지 모두가 길을 낸다.

황새의 꿈

잊혀진 이름표
천연기념물 199호

길고 빨간 다리와 부리
희고 부드러운 깃
큰 날개 펴고 세상을 나섰다

당당하게 속세를 누비던
묵언 스님은 오늘도
죽장 들고 타닥타닥
졸고 있는 대문을 두드리고 있다.

광복절 외 1편

김인식

아! 조국아 울어라
마음껏 울어라 기뻐하라
그리고 웃어라
꿈속에서라도 그리던
해방의 날이니라

애국 독립투사 가슴에
서릿발 날리는
칼날에도 굴하지 않고
불굴의 의지 불태우던 그날들
한 맺힌 긴 세월 그 얼마던가

자유 대한민국 해방을 위해
'이 한 목숨 버려 한 줌 재가 된들
무엇이 아깝던가.'
이 강산에 뿌려져 꽃 되리라 외치다
순국 선열들이여···.

그렇게도 그리던 날
광복의 날 이뤄
포로 된 자로 자유를 찾으니
울분아 끓는 가마야
마음 둘 곳 없던 날 잊고
자유를 누리자꾸나.

무궁화꽃이 피어났습니다

아름다운 강산
역사의 암흑기 맞아
가슴 응어리진 한恨 서려
봇물처럼 터져
눈물이 바다 이룬 날입니다

초여름 서릿발 내려
민족 분열의 날 총부리 겨눠
죽음의 공포 몰고 온 전쟁
1950년 6월 25일 새벽
북한군 남으로 남으로
흑암의 권세 몰려온 날입니다

붉은 그림자 숨어들어
사방으로 미친 듯이 덤벼들고
암울한 고통의 역사 쏟아부어
죽음을 잉태한 날입니다

붉게 물들인 피비린내
이 강산 할퀴고 간 화마火魔
눈물 없이는 볼 수 없어
널려진 죽음의 숲 만든 날입니다

자유 대한민국 수호천사
죽음의 권세와 죽을 힘 다해
피 흘려 싸운 젊은 전사자들이여!
나라 사랑 한 줌의 흙 되어
무궁화꽃이 피어났습니다.

낙산사 의상대 외 1편

김│일│성

동해에 우뚝 서서
세상 시름 잠재운다

밀려왔다 돌아가는
부서진 포말은
헤어짐이 서러운 눈물이구나

옹기종기 모여 있는 바위섬에서
슬며시 스며들었다 돌아감은
다시는 헤어지지 말자는 속삭임이다

구름과 맞닿아 있는 수평선에는
나그네 길 걷듯 통통배 지나고
낙산사 의상대義湘臺는 시연詩宴의 장.

추억

나 어리고
청년 시절

뒷동산에서는
토끼몰이 꿩 몰이하고

앞 냇가에서는
피리, 불거지, 붕어 몰이하고

봄에는 꽃놀이
여름에는 철엽놀이
가을에는 단풍놀이
겨울에는 윷놀이 즐겼는데

세월은 덧없이 흘러 흘러
이제는 놀이도 다 잊은 채
옛 놀이만 추억하고 있다.

추국 외 1편

김│임│자│

찬서리 내리는데
꽃이 피어서는
낙엽 후두둑 떨어지는데
저 꽃이 피어서는

아픈 맘 밝히고자 저 꽃이 피어서는
저도 아픈지
이리 흔들리고
저리 흔들리고
내 맘 아는지
흔들리고 흔들리고

바람은 부는데

샛노랗게
저 꽃이 저렇게도 환하게 피어서는.

자아상

나는 눈물 많은 바보랍니다
영화를 봐도 울고
글을 읽어도 울고
아이 웃음소리에도 울고
친구가 울어도 울고
미처 말릴 새도 없이 울어 버리는
볼에 눈물범벅이 되는
나는
눈물 바보입니다

바보
바보

하지만 이젠 안 울어요
이제 오늘만
오늘만 울 거예요
아무리 그래도
눈물은 슬퍼서 마음이 젖어요
내일부턴
입술을 예쁘게 귀에 걸고
찰랑이는 햇살 웃음 세상에 두둥실 띄울 거예요

이별 연습 외 1편

김│정│미│

마알간 얼굴로 다가선 그대 모습
언젠가 둘이서 속삭이던 돌담길 따라
허허로운 바람만이 눈치 없이 거닐고 있네
한세월 그대와 함께 하자던 설레임
그 허튼 맹세는 바람에 날려 보내고
시새움으로 돌아앉은 가슴 시린 사랑이여
그대 창가에 머물던 따스한 바람도
어느새 내 곁에 나즈막이 속삭이는데
한밤 내 울다 지친 가난한 내 영혼처럼
그대는 어느 곳에서 흐느껴 우는가.

그리움이 물들면

햇살이 붉게 물들면
눈부신 단풍이 되고
달빛이 노랗게 물들면
고-운 은행잎 되네
그리움이 마음에 물들면
사랑이 되어 설레이고
외로움이 가슴에 물들면
아픔이 되어 고독하여라.

명백한 생 외 1편

김 ¦ 정 ¦ 은

세계의 애꿎은 허술함이
명백한 생을 죽였다

뜨거운 피가 채 마르기 전에
세상의 거짓이 관을 짜고

원하지 않은 곡을 하며
명백한 삶을 묻는다

관 위에 덮인 흙이
마르기 전에

해골이 분출하며
저주의 피를 토한다

거짓 애도자들에 싸여
한 인간의 뼈가 꽃날을 마감한다

머리 곁에 뿌려진 꽃잎들이
함께 끓어진다

시간이 흐르면
그대마저 그러리.

시키는 대로

마음이 시키는 대로
바람이 새에게 말한다
바람이 시키는 대로
새가 풀잎에게 말한다
새가 시키는 대로
풀잎이 땅에게 말한다
풀잎이 시키는 대로
땅이 바람에게 말한다
땅이 시키는 대로
바람이 마음에게 말한다

그래서 마음은 걸어서 네게로 간다.

다반향초茶半香初[※] 외 1편

김 정 희

연둣빛 물안개로 실려 오는 찻물 소리
이름도 잇속도 비껴가는 자리에
첫 만남 설레는 가슴 오지랖을 여미는.

샛바람에 첫눈 뜬 매화꽃 떨림이듯
깊은 산 봄눈이 소리 없이 녹아내리듯
향으로 나절가웃을 촉촉이 반달이 뜨네.

※다반향초: 송나라의 시인 황산곡黃山谷의 시구에서 인용. 차茶를 마신지 반나절
 이 되었으나 그 향은 처음과 같다는 말

구름 운필運筆

바람 한 점 앞세우고 붓을 든 그의 손길
흘림체 일필휘지로 상징의 말 적고 있다
비백飛白의 흰 울음 품고
길 떠나는 음유시인

하늘 한 자락 펴고 그려 보는 달 발자국
송이송이 피운 꽃도 초서체로 날리며
썼다가 지워질 어록語錄
쓰고 또 쓰고 있다

결코, 한 자리에 머물 수 없는 그의 숙명
연鳶처럼 뚫린 가슴, 근육골기筋肉骨氣※ 휘감아도
어스름 발묵發墨질 무렵이면
가뭇없는 이름이여.

※근육골기: 형호荊浩의〈필법기筆法記〉에서 제시된 필획의 사세四勢, 동양화의 평
  가기준을 제시하는데도 적용適用

평화는 외 1편

김 종 기

물새알을 품고 펑퍼짐하게
앉아 있는 어미새의 눈동자다

소나기 가신 뒤 구름 틈새로
쏟아지는 햇빛 속에 뜬 무지개다

함박눈이 푹신하게 쌓인 하얀 산골
늙은 양주가 마주한 밥상에 서린 김이다

시간과 공간을 누구에게도 어디에도
공평하게 주신 당신의 자비를 믿기에

잘 살아가기보다 잘 죽어가기를
간구하는 퍽이나 안락한 새벽의 마음이다.

나의 목화木化에 대하여

나무는 나무만을 위해 살지 않는다. 밖에서 자양과 정기와 광채를 받아 안으로 섭생하여 몸 높이 부피를 키운다. 서 있는 것이 행복하고 흔들리는 게 무엇보다도 신나서 바람을 사랑한다. 오래도록 비 오지 않으면 목마르고 허출한 고난을 견딜 수 없어 시든다.

나무의 심성은 아낌없이 주는 데 있다. 삼라만상에게는 상생의 기쁨을 나누고, 사람에게는 몸통 전체를 남김없이 준다. 나무를 닮으면 성인으로 변모한다. 부처는 부다가야 보리수 아래서 득도得道하고, 예수는 나무십자가 위에서 구원의 길을 언약言約했다.

우리가 목관木棺에 누워 생애生涯를 마감하는 건 나무와의 일상적 관계가 밀애密愛 같은 사이이기 때문이다. 시간마다 날이 면 날마다 한 곳에서 오래오래 변함없는 나무와 느긋하게 사귀노라면, 더불어 살며 시적 상상력을 언어로 승화하는 나를 향유한다.

나무는 개성이 있다. 나의 개성과 닮은꼴이다. 뿌리를 땅속에 뻗치고 줄기와 가지, 푸른 잎과 온갖 색채의 꽃잎을 하늘로 열어 환희를 연출한다. 나는 나무처럼 살다가 나무이기 위해 나무 밑에 심기거나 태워져 한 줌 흙살이 되어 목화木化하고 싶다.

저물녘의 덕담德談 외 1편

김｜진｜동

모든 풍경들에게 나누어 준 욕망의 그림자를 거두어
해가 짠 소금국 같은 어둠 속으로 모습을 감추는 저물녘
누군가 내게 전화를 걸어 주면 좋겠다 그러면 나는
타락에 떨어지지 않으려고 제 몸에 바늘을 꽂은
"해당화의 욕망"이나 꿈속에서도 자꾸만
말 걸고 싶은 "꿈꾸는 설법" 같은 나의 시를

무릎걸음으로 좁은 길을 숨 골라 따라가며
만나는 손마다 쓰다듬고 적셔주며 법문 외듯이
중얼중얼 흘러가는 산골짜기 시냇물같이,

변두리 응달이며 언덕바지까지 구석구석 찾아가
숲의 손등 발등까지 깨물어 주는 뻐꾸기 울음같이,

가슴속에 배 한 척 들어오는 듯이
가슴팍에 치는 파도 한 장 밀어내는 듯이
낭송해 줄 수도 있을 텐데

어쩌면, 다시 올 수 없을지도 모르는
아름답지만 위험한 순간에
쉽게 말할 수 없는, 서둘러 단정지을 수 없는,
사소한 삶의 안타까움까지도
저물녘의 덕담처럼 허물없이 주고받으며
경치 좋고 그늘 좋은 곳에 풀어놓을 수 있을 터인데.

뼈와 바람의 대화

의식도 풍경도 모두 폐허인 항구에서
숨 막히게 속삭이는 안개 속을 떠돌다보니
그 습한 가슴에 아무것도 묻고 싶지 않았다
다만 해동갑을 해도 신열身熱에 흥이 일지 않는
뼈를 추스르기 위해 피는 꽃과 지는 꽃이
공존하는 바람의 언덕을 찾아 떠나야 했다

아무 일도 일어나지 않는 곳에서
몇날 며칠 깊은 잠을 자고 나니
그렇게나 가파르고 구불거리는 골목길이며
물먹은 솜 같은 안개의 숨소리가
가슴에 물살을 일으키며
생쥐의 이처럼 반짝반짝 마음에 빛이 들던
그 아침, 떠나는 곳이지만 되돌아와야 하는
곳이기도 한 너에게로 변명 한마디 없이 갔다

이제 창밖의 빗방울처럼 폐부 깊은 속까지는
들이치지는 못하더라도
서로의 눈을 골똘히 들여다보며
질문도 없이, 설득도 없이
산을 만나면 감돌아서 나가고
절벽을 만나면 배를 깔고 떨어져 먼 곳에 이르는
강물처럼 우리 돌아갈 길을 지우고 떠난다면

보헤미안과 부르주아가 섞인 유목민처럼
우리 자유롭고 가벼워지지 않을까.

그대 마음 이해하오 외 1편

김｜진｜수

사그락 사그락
가슴 쓸어내려
생죽신 되었다

털거덕터억
맺힌 가슴 무너져 내려
몸통 꺾여
사죽신 되었다

두 뺨치 몸통 둘레로
그대는 어찌하여
꺾이지 아니하고
높이도 어찌 치솟아 올랐소

손가락 잎사귀 흔들어
가지잎으로 하늘을 가두고
뭉게구름 새털구름 만들었소

너무 서러워 말더이다
산산이 조각난 가슴
사시사철 푸른색이잖소

표출 못한 속울음 괴성되었지만

절개는 지키지 않았소

충절혼 마디마디 뽑아올려
원도 한도 없이 흔들어 대니
그만하면 다행이잖소.

소철의 윤회

속에서 스스로 잉태되어
심장과 폐부를 찔러 솟구쳐 올랐다

참았던 숨을 토하듯
뽑아올린 성숙되지 못한
갈퀴 모양

머리에서 발끝까지
혈이 잘려도
군소리 하나없이 한바탕 귀담아 듣고

새봄이 오면
들숨과 날숨 연결시켜
메두사 머리 되어 불사신 된다

몸통은 갑옷처럼 나이테 두르고
잔시름 풀어가는 새 날이 오면
다시 새 잎 내밀어
파초 같은 모자를 쓴다

늘 움직이는 마음으로
가라앉은 생각 비워 가며
채움의 꿈을 꾼다.

첫날밤처럼 외 1편

김 | 진 | 태 |

당신은 누구시기에
촛불에 취해 얼굴 붉혀
속옷 바람 부끄럼 없이
내게 가까이 다가와
꽃불 당겨 몸을 안기옵니까?
내 생애 처음 품어 보는
뜨거운 침방이어라

천하일색
황진이의 결백을 풀어놓는
삼베 적삼과 고쟁이

화려한 화아花芽 속에 한몸 되어
불태우는 무덤!

시시한 백년 침방보다
첫날밤 첫사랑 자유로움의 완성

단 한 번이 아닌 늘 처음처럼
활공으로 별바라기가 되자고요
내 사랑 당신!

청산에 살고 싶어라

아무도 나를
찾아오지 않아도 좋다

거짓말쟁이 사기꾼
접근하지 않아서 좋다

새소리
물소리
바람 소리 들리는 청산靑山이 좋아라

자연의 음률로
조용히 다듬어진
계곡 청수淸水에 좋이 씻기워서

암울했던 내 영혼이
가볍게 날개 펼치고
창공을 휘어 날으며
내 마음을 가득 채우며 살고 싶다

저 높고 파란 하늘 바라보며
그렇게!

모정 외 1편

김｜태｜수

님의 사랑은
항상 침묵 속에
열심이었다

당신의 희생
풍운대수風雲大水 가리지 않고
쌀자루 이고 지고 베푸신 사랑

어머니의 온정
겨울의 태양처럼
항상 너무 따뜻하다

엄마의 사랑은
변치 않고
영원히 지속되리라

천국의 어머니를 위해
영원히 사랑하고
감사 기도드리리다.

신심

첫새벽 요란하게 뒤흔드는 문계기무聞鷄起舞
일어나 방황하며 더듬는 상로霜露에도
성우星雨가 쏟아져 내려 고독함을 잊었네

오색의 노을로서 채색에 임하여서
운채를 잃지 말고 그림에 몰두하여
신심晨心을 영상으로서 그림을 그리리

채색은 노을처럼 은은히 할 것이며
비애悲哀는 버리고 환희歡喜를 희구하며
더 이상 주저치 말고 마음대로 그려라.

귀가 외 1편

김태자

해거름은 어둑어둑
밤을 향해 안겨들고

새들은 재재대며
가지에 깃을 드는데

발걸음 서두는 나는
인연의 마음밭일까.

여름 한 날

백일홍 연못 위에
붉은 꽃잎 떨어져

지난 세월 이끌어
화환으로 엮이니

그리운 그대 생각에
발걸음을 멈추네.

꿈 외 1편
―S교수에게

김 학 광

품었던 파란 꿈을 꿈으로만 여겼는데
뜻밖의 만남에서 꿈의 성취 발견하네
반갑고 기쁜 마음을 그 무엇에 비길까?

젊음과 함께 뛰던 한평생의 교단생활
이제는 날개 접고 추억으로 아련한데
계승된 꿈은 여물어 큰 횃불 밝혀 있네

학계의 중진으로 지역사회 선구자 되어
별리의 긴 세월에 우람하게 자랐으니!
정겨운 대화에 묻혀 밤 깊은 줄 몰랐네

만남도 꿈이었고 지난 세월 꿈만 같아
언제나 푸른 꿈을 간직하고 이어 가면
온누리 꿈의 낙원이 꿈으로만 끝나랴.

애도! 친구여

그토록 덕성 깊고 건강하던 친구인데
이렇게 갑작스런 부음 소식 웬 말인가
홀연히 현세를 떠나 하늘나라 갔도다

십칠기 공군 모임 정성 다해 지원하며
미국과 캐나다에 동기들을 연락 결속
문집과 임관 오십년 행사마다 큰 기여

해마다 귀국하여 동기회에 꼭 들르고
텍사스 표지 새긴 모자 선물 한 보따리
나눠 준 모자 쓸 때면 간절한 친구 생각

텍사스 한인촌에 한인교회 새로 짓고
완성된 교회 사진 보내주며 자랑했지
때로는 국제전화로 정겹게 통화했지

다정한 태훈 친구여 천국에 즐기시라
조만간 우리들도 따라가서 만나리니
이생에 두터이 쌓은 그대 공덕 빛나리.

곶감 향기 외 1편

김 효 겸

주렁주렁 붉게 물든 감
탐스러운 얼굴 뽐내며

연지곤지 바르고
방긋 웃는다

곶감으로 옷 갈아입고
새색시처럼 앉아 있네

호랑이도 무서워한 곶감
과일 중의 과일

어린아이 울다가도
곶감 먹고 울음 그치니
호랑이가 혼비백산 놀란 곶감

곶감 축제한다고
마을마다
그윽한 곶감 향기 피어나고

전국 방방곡곡 귀향객
인산인해

팡파르 풍악 울려 퍼지고
전국노래자랑
축제 분위기 절정이네

어머니 품처럼
다정한 곳

내 고향 양촌은
곶감 향기 피는 고장.

사랑하는 아내에게

첫눈에 끌렸던
당신 모습에
사랑의 정 느끼었고

아름다운 자태
여성의 향기에 취했고

박봉에 돈 모아 집 장만하고
삶의 터전 튼튼히 만든 당신

두 아들 낳아 준
당신의 큰 선물에 감사했고

조상님 제사상 정성껏 차리고
가풍의 중심이 된 당신

당신에게 잘못한 사소한 말 한마디가
큰 스트레스 되었을 때
내 마음은 괴로웠소

이제 당신과 나는 인생 이모작
당신과 내가 한몸 되어

값진 인생길
만들어 갑시다

나는 당신의 우산이 되고
당신은 나의 거울이 되어

오손도손
살아갑시다
사랑하는 아내에게.

당신과 내가 외 1편

김 훈 동

당신과 내가 풀어놓은
사랑의 언어들
보석보다 더 값집니다

당신과 내가 쏟아 놓은
서약의 낱말들
반석보다 더 강합니다

당신과 내가 뱉어 놓은
언약의 말씀들
영원보다 더 질깁니다

당신과 내가 깔아 놓은
진실의 얼굴들
일출보다 더 밝습니다

당신과 내가 이어 놓은
사랑의 교각들
철강보다 더 굳셉니다

당신과 내가 뿌려놓은
가족의 화음들
악공보다 더 맑습니다.

정조대왕 어진 앞에 서다

무릎 꿇고
향을 사르니
생각은
전일專- 하고
간절해진다
온갖 생각 지우니
침묵이 깃들인다
정묵靜默 속에
바라보는 정조대왕 어진御眞
이루고자 한 태평성대의 꿈
더더욱 깊어지고
진기眞氣가 쌓인다
화령전
정조대왕 어진 앞에 서면
그리려던 민본사상의 길
흩어지지 않는
기운이 감돌고
마음에 감친다.

겨울밤 외 1편

노 민 환

밤하늘
파랗게 매달린 별들이
유독 차갑게 보이는 것은 감청색 어둠 탓이다

시린 바람에
온몸 내어준 별은 어둠의 뜰에서
영롱히 빛나는 구슬로 바구니에 담길 것 같고

졸리는 듯
깜박이는 별빛 사이로
이렇게 차가운 바람은 또 어디에서 불어오는지

잠결에 들리는 기척에
잠시 깨어 보면 겨울은 오늘밤에도
냉기와 손 마주잡은 채 손님처럼 모여 앉았다.

공백

지금은
아무것도 할 수 없다
스러질 듯 스러지고 말 듯 별 되어 깜박이다가
너는 고요한 침묵을 깨고 푸드덕 새처럼 높은 가을로 떠났다

존재하는 것들이
모두 추억의 틀에서 빠져나와
가슴 깊은 바닥에 몰래 숨은 등불이 되고
나는 어둠에서 아픔을 통째로 붙잡고 흐느끼며 하늘을 본다

외로움은 다시 미움으로
찌르듯 차갑게 어둠에서 내 등 떠밀어도
함께 날지 못하는 소용없는 날개만 닦거나 만질 뿐
텅 빈 가슴 안에 채워지지 않는 그대 별빛 또 그리움 하나.

낮달 외 1편

노│연│희│

초승달 낫과 같이 예리하게 나무 베면
쓰러진 산봉우리 그림자 끌어안고
추위도 길 위에 눕네 동지섣달 꿈으로.

오동도

뱃머리 시린 바람 노을빛 외발 서면
서둘러 달려오는 만선의 항해길에
동백섬 절정의 외침 고개 드는 그리움.

가을 사색 외 1편

노 준 현

갈색의 바람 소리로 피어나는
조붓한 오솔길
마음껏 품어 보고 싶은 파란 하늘 보며
텅 빈 마음의 손끝으로
낙엽을 보듬어 본다

따사로운 햇살에도
썩어 가는 낙엽 위에
이슬방울 져 피어나는 들꽃 같은 인내로
나그네 같은 텅 빈 가슴에
젊었던 그 시절이 설움으로 앉는다

얄밉도록 매정한 세월 속에서
남아 있는 가을 햇살에도 야위어 가는 풀잎처럼
지나가던 바람이
오늘도
찬란했던 어제의 흔적을 지우며 간다.

그리움 · 5

세월을 이고 가는 푸른 창공에
노을처럼 타는 세월 속에서도
지나간 사연들은
그리움으로 사무쳐라

나무 잎새 떨구는 가을바람처럼
찬이슬 내려앉아 있어도
떠난 님의 아름다웠던 미소가
텅 빈 내 가슴에
그리움의 상처로 무성하여라

행복했던 순간순간들이
옛 동산에 머물러 있어도
가을하늘에 떠가는 흰 구름처럼
세월 속에서 슬픈 미소가 되어
묻혀 가는 아픔이어라.

너는 너대로 나는 나대로 외 1편

노 희 정

속없이 사는 것이 속 있어 사는 것보다 더 나을 때가 있어
속 있고 싶어도 속없이 사는 인생도 있다
죽고 싶어 물에 몸을 던져도 살아남는 인생이 있고
물질하러 나갔다가 돌연사하는 인생도 있다
밴댕이 보고 속없다 속없다 욕하지 마라
속 있는 것들 속 꺼내 보면 속 하나도 없더라
속 있는 것들 속 있는 것들끼리
속 없는 것들 속 없는 것들끼리
끼리끼리 그렇게 사는 거다
밴댕이 속없다 흉보지 마라
나보단 나은 삶이다
사람들 강화에 오면 밴댕이 속부터 찾더라.

반쯤 쑤서 박힌 집

사랑한다는 것은
네 가슴에 지어 놓은
내 마음의 집 한 채 같은 것인지도 모른다

우리가 어울려서 한세상 살다 가는
삶이라는 것도 사실은
마음이 함께 들어앉을 만한
지상의 집 한 칸 만드는 일인지도 모른다

사람아
사랑하는 내 사람아
우리 이렇게 살아 있다는 것도 알고 보면
내가 네 안에
네가 내 안에
온전히 쑤서 박혀 있다는 것인지도 모른다

이 불안한 안정을 우리는
사랑이라 말하는 역설 속에 산다
그러나 얼마나 아름다우냐
우리가 서로에게 절반도 훨씬 넘게
아니면 온전히 기울어 박혀 있듯이
강화도엔 아예 겉모습도 그렇게 지어 놓은 집이 있다
때로 불안해서 아름다운 우리 사랑의
이 완벽한 설치.

외나무다리 저편 외 1편

도 경 회

　맑고 쓸쓸한 아침 외나무다리 아래로 흐르는 계곡물 소리 건너가는 산물푸레나무 어둠이 다독여 치유한 상처 발뒤꿈치 들어 우두둑 잔뿌리 뜯어가며 까치발로 고개 길게 빼고 저 건너 숲을 본다 히—이 호—오 쉬지 않고 히히 호호 빨리 날면 슬픔이 옅어질까 흰눈썹지빠귀 바삐 날아간다 무슨 말을 하고 간 것일까 왜 알아들을 수 없을까 미칠 듯이 사랑하면 알아들을 수 있을까 아직 날려보내지 못한 새 한 마리 해 뜨기 전 손목 놓아 준다 하루하루 그리움 키가 자라 어둠 털고 해 뜨는 곳으로 산물푸레나무 우뚝우뚝 달린다 산과 강을 바꾼다.

겹점 팔분음표

저고리섶 고름 풀어
둥근 대지 도도록 돋고
아침 나비 사분사분 옹알이로 안기다
타래꽃 하얀 화심에 잠드는 해같이

가물 가뭇 감겨드는 농밀한 내음
거뭇이 달무리 뜨는 봉오리에 바람 일어
팔분음표사 몽환의 통로
해맑은 입술에 젖이 흐르다

손이 산을 안는다
다시는 입맛이 잠에 달다.

봄이 오는 길 외 1편

류 순 자

지천명에 가야 할 길 보인다
숨죽이며 지켜보는 나를 하늘은 알까
쉽게 다가서지 못하는 힘든 내 앞에
돌아오는 파도를 마중해야 하나
내 방파제까지 밀려온 파도와 악수를 했다
끝날 수 없는 그리움이런가
밀리고 밀려도 결국 나는
멀어진 거리만큼 쫓아간다
갑자기 달아나다 속수무책으로
달려드는 파도는
내게서 무얼 찾으려는지,
거대한 격량이 밀려간
지나는 아픔의 세월에 걸렸던 것을
누가 내 어깨 따뜻한 손 얹어 주는가
찾아내고 말 테야
잠시 쉬어 가는 세상
하늘이 맺어 준 인연을 향해
시작된 그리움아
아직 푸름이 남았다
수천 번 다짐하면서도
갈 수 없어 눈시울 적신다

삼월

나를 흔들고 겨울은 지나갔다
혹독했던 내 삶 응시하니
입춘도 우수 경칩도 지난 지금에
재빠르게 쿵쾅대는 기억들
무슨 말을 해야 하나
어둠 속의 긴 기다림처럼
기억은 빛나는 푸른 고통뿐이다
버티던 겨울이 쉬이 갈 줄 누가 알았나
비수처럼 겨누던 바람의 기세는 당당하다
거룩한 침묵으로 세상을 엿보다가
구차하게 두근거리는 마른 풀들의
힘겨운 몸짓을 보라
때 이른 꽃샘바람에
지금도 머뭇거리는데 제풀에 꺾인 듯 후줄근하다
뜻하지 않은 환란도 많은데
거대한 바람 따라 맴돌며
내 안의 얼음층을 녹게 하는
햇살은 눈부시다
넘쳐나는 안부에 동여맨 가슴 풀고 싶다

걸레의 소원所願 외 1편

류|재|상|

모두들 안녕하세요! 저는 깨끗한 걸레예요! 늘 적당한 물기로
미소 짓는 걸레예요! 아직 앳된 소녀티가 나는 처녀예요!
처녀막에 금 하나 가지 않았어요!
가장
순결한 처녀예요!
수건手巾
늙은
그런 칙칙한 걸레가 아니에요!
제 깊은 속살은 늘
촉촉한 분위기예요! 그러나
절대로 결혼하지 않을 거예요! 죽을 때까지 혼자 독신녀로
살 거예요! 저렇게 늙은 방바닥 제 어머니 아버지 언제나
잘 모시고! 한평생
가장
순결하게 살 거예요!
저는 참으로 깨끗한 세상을
만들고 싶어요!
언젠가는 저렇게
뿌옇게 먼지 낀 저 흐린 하늘도!
아주 눈부시게 반짝반짝 파랗게 잘 닦아 놓을래요!
저 맑은 물빛은 알아요! 제 친구 저 맑은 물빛은 제 마음을
너무나 잘 알아요! 몹시 때 낀 더러운

이 나라를, 날마다 촉촉한 제 순결로 깨끗이 닦고 또 닦을래요!

개구리타령

올챙이 시절 졸다가 깜빡 잊어버리고! 알[卵]에서 네 발로
바로 기어 나왔다는 놈들! 고추밭에서
빨간 고추
벌레들인 줄 알고
제 키 몇 배나 뛰어올라 겨우 풋고추 하나씩
신나게 따 물고! 이글거리는
아침 해를
고 얄미운
콧잔등
무너져
내리도록 노려보는 놈들! 해도 날름
잡아먹을 거드름에! 껑충 또 한 번 공중으로 뛰어오르다가!
그만 시퍼렇게 멍든 제 뒷다리 하나씩 어깨에 둘러메고 섰는
놈들! 깊이 박힌 내 배꼽 처음으로
뽑혀서!
거미줄에
왕거미처럼
고놈의
개구리들 찡그린 상판에다가!
모기나 잡아 약이나 쓸 겸 그물을 친다! 얄미운
이웃이 오히려
이웃들을 비웃듯!
올챙이 시절도 모르는 개구리란 놈들! 올챙이

뒷다리 막 돋는 희망을 병病이란다! 죽어도 못 고칠
불치의 병이란다!

아, 불치의 병이란다, 둥둥 떠오르는 하늘의 저 아침 태양이여!

그리움이 데려다주는 고향 외 1편

맹 인 섭

차곡차곡
접어둔 고향의 시간을 불러모은다

오직 살기 위해
허기의 냄새로 진동하던
그 시절의 밀목재는
빛바랜 흑백의 향수로 남아서

반백이 넘은 길을
타지에서 떠나와 걷다
뒤돌아보는 회억이 문득문득 멈춘 자리
어릴 적 동심은 가난으로 굽은 등이 되어
알알이 배어 있다

이제 세월과 함께
나의 삶이 예전보다 환해졌어도
마른 덤불 같은 그리움
가슴에 들어앉아
서녘 노을 바람으로 간간이 불어
가슴앓이 펼치듯
계룡산 자락에서
지금 소소한 그림으로 남아 있다.

어릴 적, 오월

아침 안개
산허리 휘감고
노루 토끼 뛰노는 심심산골에
푸른 향수 피어오르고
붉은 찔레순 꺾어 먹으며
속없이 허기진 배를 달래던
추억이 주렁주렁 열려 오는 오월
반생을 떠나온 세월이
오늘도 허허 웃는다

이맘때쯤이면
그곳에도 찔레꽃 향기 그윽하려나.

둥근달의 비밀 외 1편
―의좋은 형제

문영이

어젯밤에

그 동네
사이좋은 형제 있잖아
구름 속에 얼굴을 감추었을 때
아우가 땀방울 송알송알 맺히도록
형님 낟가리에 볏단을 올리더라
빼꼼히 내려다보니 함박웃음 지으며 가던 걸

아무도 다니지 않는 깜깜한 논길에
형님이 기웃기웃 나오더니
땀방울 송글송글 맺히도록
아우 낟가리에 볏단을 올리더라
어둔 길 환하게 비춰 주니 휘파람 불며 가던 걸

너만 알고 있어.

윤회 輪廻

돌고 돌아
현세에 머물고 있는 나
억겁의 시간을 보낸 후
어디메서 숨쉬고 있으려나
개똥밭에 굴러도
이승이 좋다고들 하는 건
저세상을 누려 보지 못했음이니
돌고 돌아가는 길에
그대
이승에서 무엇하며 사시련가.

빗물이 그린 그림 외 1편

문|인|선|

궁금했을 게다
넓을까 좁을까
누가 살까
미울까
따뜻할까
왜 저리도 꽁꽁 자신을 닫는 것일까
그래서
틈으로 엿보기로 했을 것이다
누구의 마음을 엿본다는 것
어느 가슴에 스며든다는 것은
얼마나 가슴 설레는 일일 것이냐
얼마나 손톱이 닳도록 움켜쥐며
떨리는 가슴을 억누르고
소리 죽여 발을 디밀었어야 했으리
그 수고로움에 흔적 없이
사라질 수 없어
오줌싸개 아이가 남긴 지도같이
어쩔 수 없는 그림 하나
슬쩍 그려놓았다

연방 피어날 것 같은
저 노을 속 매화
물향이 은은하다.

눈부신 날은 오더라

사립문 너머 흰 길만 내다보던 빈집
누군가 올 것만 같은 길
마당 큰 가슴에 그리움만 채우던
익숙해져 가는 나태가 두려웠던 빈집

한 계절이 찾아왔다
무허가로 집을 지은 거미는
강제 철거를 당했다
무단점령으로 자유를 누렸던 잡초들은
서슬 푸른 제초기의 심판에 밀려나고
갑작스런 인기척에
봉숭아 마당가로 늘어서서
살짝 흔드는 바람의 지휘에도
통통 발을 굴리며 합창을 한다
기별은 어디서 들었는지
바지랑대 들고 와 빨랫줄 치는 고추잠자리
뒤 감나무에 떫게 붙어 있던 감
성질도 급해라
볼이 상기된 채 지붕 위로 뛰어내리고
사랑채로 잇는 작은 연못
하늘 솟구치는 재주도 부리네
수상 군무를 하고 있던 수련 속에서 불쑥 튀어나온 개구리
물오리 한 쌍 데려오면 어떻겠냐고

엉금 뒤뚱 엉금 뒤뚱 물오리 흉내를 낸다

갑자기 빈집은 막힌 혈관이 뚫어지고 있었다

이제
빈집은 혼자여서 무섭다고 칭얼대는
밤의 하소를 듣지 않아도 되겠다
된장 내 폴폴 나는 뒷집 장독대로 월담하는
허기진 부엌을 기둥에 붙들어 매지 않아도 되겠다
하늘의 푸른 가슴이 부풀어 오르는 동안
나비 같은 여인은
대문 앞에 이름표를 딱 붙인다
마당귀의 기별을 받은 얼음골 사과나무가
단정한 차림으로 면접을
기다리고 있겠다.

어느 가을 저녁의 소묘 외 1편

문 철 수

모두들 떠나고
잔가지 끝에 듬성듬성 매달린
물든 나뭇잎 몇 개, 한줄기 바람에
산사의 풍경처럼 흔들리고
적막을 돋우는 풀벌레 소리
간간이 들려온다

달빛을 베고 누워
무심히 올려다본 하늘엔 여기저기
별들이 돋아나고
별 속엔 출렁이던 바다가 멈추어선 채
낯익은 섬들이 다가온다

오리나무 가지에 걸터앉았던
만삭이 다된 열나흘 달은
흐르는 구름 밭을 조심스레 지나고 있다

이 계절이 떠나기 전에
한 자락 바람이 되어
서걱대는 갈잎의 애잔한 가락과
낙엽이 남기고 간 쓸쓸한 한 편의 시를
하늘 끝 어디쯤에 새겨두고 싶다.

지하철 속의 우주

　그녀가 몇 발짝 움직일 때마다 오대양 육대주가 흔들리고 지구는 자전과 공전의 속도를 높인다
　그녀는 조금 전 지하철 안으로 밀려드는 한 무리의 인파 속에서 졸리던 내 눈길을 확 잡아 끄는 여인이었다
　지구를 통째로 몸에 두른(세계지도가 페인팅 된 롱드레스를 입은) 그녀는 전생에 아틀라스*의 누이쯤 되었을지도 모를 일이다
　내 시선은 그녀의 두툼한 허리께에 얹혀 있는 푸른 태평양 너머 아시아를 찾아내고 한반도를 찾고 있는 중이다
　다음 역에서 빈자리가 생기자 그녀는 몸매에 어울리지 않게 잽싼 동작으로 자리를 차지한다
　그 바람에 대륙판과 해양판이 서로 부딪혀 바다가 산맥으로 솟아오르고 떨어져 있던 대륙이 엉겨붙는 지각변동이 눈 깜짝할 사이에 일어난다
　육중한 그녀의 엉덩이에 짓눌린 아프리카 대륙은 또 언제쯤 압박에서 벗어날 수 있을지?
　어느새 그녀는 눈이 감기고 구심점을 잃은 지구는 옆자리의 행성과 충돌 직전이다.

※아틀라스: 그리스 신화에 나오는 하늘과 땅을 떠받치고 있는 거인 신

동해의 끝 섬 외 1편

박 건 웅

우리 땅에서 제일 먼저 해 돋는
동해의 끝 섬

바닷길 파도를 헤치고
동으로 동으로 가다 보면
70만 년 전 수중 용암이
활활 치솟아 올라
생겼다는 두 섬 늠름히
심해에 발 딛고 섰구나

오랜 세월
우리 겨레와 호흡을 함께 한 섬

흰 구름 유유히 하늘을 건너고
바다의 해오름 우렁차고
갈매기 노래 정다워라

섬은 예나 지금이나 평화로운데
정적을 흔드는 건
동쪽 수평선 너머 멀리서 들려오는
일인들의 헛소리

언제부턴가 저들은

철없는 아이 떼쓰듯
섬을 자기네 땅이라 우기며
노리고 있네

이 섬에 대나무 한 그루 없는데
죽도란 명패
엉뚱하게 들이대는군

어딜 보아 이 섬이
자기네 땅일까
예부터 이어 내려온
해적들의 침략 근성
지금껏 버리지 못했구나.

고작 백 명씩이라니

감격스럽냐고요
그래요 반세기가 넘었잖아요
그런데 이산가족은 일천만인데
남 북 각 백 명씩이라니

하루하루 날 갈 때마다 고령의 실향민
늦가을 나뭇잎 떨어지듯
한 사람 두 사람 이승을 뜨는데
고작 백 명씩이라니 말이 되나요
위정자들 처사 울화가 치미네요

티브이를 통해 이산가족 상봉
들여다보면 화가 나요

이산가족들이 바라는 건
으리으리한 호텔의 진수성찬 고급 침대보다
부모나 형제 또는 자매가 살고 있는 집에 머물며
어떻게 사는지 어떻게 살아왔는지
그간의 사연들 주고 받으며
회포를 푸는 일인데

위정자들의 낯 위해
가시적 순간적 일회용 비극 배우 역할 시키다니요

왜 틀린 말인가요
틀렸다면 뭐가 틀렸는지
말해 봐요

앞으로 상봉 횟수 얼마나 진행될진 몰라도
상봉 때마다 일이백 명에 한정되면
어느 세월에 실향민 소망 이룰 수 있나요
차라리 상봉일랑 코도 신청도 안 하는 게
속 편하지요

나도 실향민이라 남들 못지 않게
북녘의 일가 친척 그립고 보고 싶지만
낙타 바늘구멍 지나기만큼 어려운 상봉 차례
기횐들 올까요

정말 가소롭네요
고작 일이백 명 만나게 하고
떠벌리고 생색내는 꼬락서니들이

남과 북으로 헤어져 반세기 넘은 세월
눈물로 혈육 그려본 실향민
아무때고 고향 가고 싶고 만나고 싶을 때
오갈 수 있게 길 터 주면
어디가 덧나나요.

새해 아침의 기도 외 1편

박│계│수

창문을 열면
까르르 웃음처럼 밀려드는 햇살
이 아침
그대 풍성한 식탁 위에
햇살 한 보시기 담아 놓고
산초 알처럼 반짝이는 그대 새끼 동공을 보며
우리 손부터 씻지 않으려는가

파 냄새 앞치마 두르고
그대 헌 와이셔츠에 담겨
작은 거실을 뛰어다니는 아내 발소리를 들으며
우리 눈부터 입부터 머리부터 씻어야 하지 않겠는가

돼지새끼 종이배처럼 띄워 보내고
배추밭 통째로 갈아엎던 농부 얘기가
전태일이가 살던 청계천 피복 상가 얘기처럼
더 이상 우리들의 얘기가 아니기를

오적의 시인이 유명할 것도
시인이 눈치보며 글 쓸 일도
자고 나면 무너지고 깨어지고 터지는 일도
연변 동포 등쳐먹는 일도
병역 미필 장차관 40%라는 내각 얘기도

그들 자녀 태반이 군 미필이란 얘기도
여아 낙태 한 해 2만 9천 건이란 얘기도
고아 수출 세계 1위란 얘기도

그리고 참으로 그리고
우리 무엇보다
부끄러워할 일에
부끄러워할 줄 알고
스승이 존경받고
재벌도 정치인도 그리 되고
약속의 허실이 죽음보다 두렵고
도덕적 파멸은 재생이 안 되고
그리하여 오 그리하여
마침내
시인이 가슴으로 부둥켜안아야 할 조상이
아니기를
울며 만나야 할 산하가 아니기를
흐느끼며 추억해야 될 역사가 아니기를

더는 참으로 더는
그런 새해가 아니기를
아니 되어지기를 바라며 믿으며

그대 밀랍 도시를 떠나
청보리 이랑이랑
보무 당당 물결치는 그대 고향으로 그대
밭둑 길로

강아지가 없어도 찾아가 보지 않으려는가

이 아침 햇살엔 찔레 향기가 나네
순이 모습이 보이네
아카시아 향내가 나네
초등학교 여 선생님이 걸어오시네
깜보리 떫은 맛이 어금니에서 깨어지네.

세월이 내 등을 밀지 않았더라면

세월이 내 등을 밀지 않았더라면
난
이렇게 살았을 게다
새참 내오는 찔레밭 둑에서
아내랑 같이 고수레를 하고
사래 긴 밭 지심 맬
걱정이나 하며
그렇게 한세상
살았을 게다

스무사흘 새벽달이
잠긴 옹달샘
표주박으로 고이고이
떠올릴 적에
아내보다 내가 먼저
사립을 열고
샘 길 이슬을
털어 냈을 게다

먹다 남은 감꽃
목에 걸고
풀물이 배어 돌아오는
막내딸 눈동자

나도 딸처럼
푸른 눈으로
장에 간 아내를
기다렸을 게다

상처 나면 자리 밑
흙 긁어 바르고
오줌 싸면 키 씌워
소금 꾸려 보내고
한차례 모이 주면
그만인 병아리처럼
새끼들도 그렇게
키웠을 게다

세월이 내 등을 밀지 않았더라면
난
그렇게 살았을 게다.

의기 논개 외 1편

박근모

결연히
몸을 던진
의암義巖의 붉은 영령
촉석루 의기사義妓祠의
영정 앞에 분향한다

몸 바쳐
나라를 지킨
임의 충절 기리며

순국한
의기 논개
드높은 충의지심
숭고한 뜻을 품고
단행하신 임의 의거義擧

연약한
여인의 품에
강철 같은 투혼이.

수리산 산행

산행을 하기 위해
채비를 하였었고
새소리 바람 소리
그 속내를 우렸었다
계곡을
울리는 소리
귀에 담아 삭이며

수리가 깃든 산울
푸른 솔 붉은 단풍
숲속에 묻힌 속살
열어 보려 하였었지
산마루
푸른 정기를
가슴 깊이 쟁이며.

신화 쓴 당산나무 외 1편

박달수

천금 무게 만남의 인연
한 뿌리로 해를 물고

피붙이로 거둔 정성
무늬 되고 향이 되어

한 고을
탄생의 미학
성전으로 신화가.

무심을 경작한 일상
은하물로 허기 잊고

바람과의 선문답에
청빈락 활구 놓아

찬 매에
경건한 묵상
한 소식을 얻었다.

학

마음의 고삐 풀면
불꽃 이는 탐욕 더미

구름 끝 춤으로 흩고
무심을 깔고 앉아

바람에
화두를 놓고
오도송悟道頌을 읊는다.

세간 목록 이름한 것
은하 큰 물 창공 하나

솔가지 빌려 튼 둥지
한철 나면 가는 나그네

버리고
떠나는 향기
누항사陋巷詞를 엮는다.

솔바람 향 저린 여운
그 무늬진 선비얼 닮아

몸뚱이 마음 하나로
안빈락을 즐기면서

보름달
허공에 불러
신선도神仙圖를 그린다.

찔레꽃 외 1편

박 | 달 | 재 |

차마 부끄러워
연둣빛 면사포로 살짝 가리운
표백된 하—얀 얼굴

어릿한 수줍음 머금고
살짝 웃어 주는
어설픈 미소

잠시 바라만 보아도
금세 풍기는 듯 스미는
님의 진한 향기

그 향기에 취해
잠들어 버린 나—비
—나는 나비가 되었다.

눈이 큰 여인

갓바위 아카시아 꽃길 걷다가
눈이 큰 여인을 보았네
순간 아찔 '현기증'
'풍덩' 눈 속에 그만 빠져 버렸네

한참을 허우적 허우적
도저히 헤어 나올 수가 없어
그래도 '살려주세요' 하지 않았네

나오려고 허우적거릴수록
자꾸자꾸 내려가더니
끝내는 가라앉아 버렸네.

부디 그대가 날 사랑해야 한다면 외 1편

박|대|순|

　태평양 무더운 바람이 불어와요.
　젊은 연인들을 뜨겁게 하는 계절이 지나가면 분명히 대지에 던져진 푸른 눈빛을 보며 그대가 그리울 거예요. 그때가 와서 부디 그대가 날 사랑해야 한다면 오직 사랑을 위해서만 행동을 해 주세요. 그리고 부디 달콤한 말 때문에 넘어졌다고 말하지 말아 주세요.
　다만 다정한 눈빛 때문에, 미소 때문에, 부드러운 용모 때문에, 그리고 내 일방적인 생각과 잘 어울리는 재치 있는 생각 때문에, 그래서 그런 날에는 내게 느긋한 즐거움을 주었기 때문에 그대를 사랑한다고는 절대 말하지 마세요. 나는 세상이 사랑스러워요.

　어느 조각가 눈빛이 번득여요.
　심장을 멈추게 하는 추억들이 지나가면 따뜻한 혈관이 온몸을 데울 거예요. 그때가 오면 부디 그대가 날 사랑해야 한다면 거친 광야에서 가져온 돌을 다듬어 오직 사랑을 위해서만 조각을 해 주세요. 거친 돌이 조금씩 떨어져 나가면 그대 사랑은 부디 무대에서 잠시 머물다 가는 곡예사가 되지 않게 해 주세요.
　다만 따뜻한 미소로, 평온한 미모로, 부드러운 입술로, 그리고 내 생각과 잘 어울리는 재치 있는 모습으로, 그래서 그런 날에는 내게 느긋한 봄의 아름다움을 주었기 때문에 그대를 사랑한다고는 정녕 말하지 마세요. 나는 세상이 너무 사랑스러워요.

누군가의 도자기 속에는

　누군가 만든 도자기 속에는 언제나 꽃이 피고 있더라
　새가 날고 있더라
　계곡이 깊어 성자가 된 사람 하나 강가에 살아가고 있더라
　생각하느니 생각 안 하느니 인생이란 얼마나 얼굴에 꽃피우느라 눈물겨운가
　어디쯤에서 나도 한 줌의 흙이 되겠지 누군가의 손끝으로 빚어지는 꽃가마에 누워 다시 산다면 달빛 속에 떠 있으리라
　진정으로 그리운 것조차 모두 땅에 묻히고 초롱초롱 강물만 깊이 흐르는 봄날.

가족의 명절 외 1편

박대순

얇다고 냉소하고
두껍다 미소 짓고

저울질도 형편 따라
인격에 금이 가면

화목이
고무줄처럼
늘고 줄고 장단친다

설날은 두껍다가
추석엔 얇을 수도

형제간 우애 위해
넓은 아량 베풀면서

전 가족
웃음꽃 활짝
밝은 마음 사랑해.

아름다운 강원에 사는 행복

산과 강 아름다워
빼어난 강과 언덕

금강산 설악산에
오대산과 치악산

태백에
등과 허리에
주렁주렁 매달려.

남한강과 북한강이
어깨동무 서울 가고

파로호 소양호에
의암호 아름다워

강원의
산하에서 삶
너무나도 행복해.

항아리 외 1편

박 래 흥

길거리에 버려진 입이 깨진 항아리
옹기종기
행복했던 유년의 고향이 생각난다
할배가 좋아하시던 막걸리 항아리

따뜻한 아랫목에 이불을 둘러쓰고
보글보글
하늘이 정성껏 내려주신 선물이라
아빠가 좋아하시던 막걸리 항아리

새로운 생명을 잉태한 여자의 배는
둥실둥실
이 세상 가장 존엄하고
소박한 항아리다
엄마가 좋아하시던 간장 된장 항아리

누구의 기쁨을 채워 주고 버림받을까
글썽글썽
눈보라 맞으며 덜덜 떨고 서 있구나
인간도 역할 끝나면 버림받는 것이다.

이산가족 離散家族

눈물의 바다요 골고다의 아픔이다

오로지 내 마음속에는 당신뿐인데
백두에서 한라까지
육체의 비밀을 다 알 수가 있는데
당신의 마음속엔 무엇이 들었는지
오리무중 五里霧中 이로다

나의
몸도 뺏어 가고
마음도 뺏어 가고 마지막
영혼까지 뺏어 간 당신은 욕심쟁이

먼 훗날 노을빛에 홀로 서 있는
영혼 없는 허수아비 삶을 살더라도
당신을 사랑하리라 영원히 기다리며.

밤 줍기 외 1편

박│명│희

알밤을 주우려면 먼저 하늘을 봐
밤나무가 하늘을 향해
가지를 쭉 벋고 당당하게 서 있는지
알밤을 쏟아 놓는 나무는
하늘을 외면하지 않았어
당당하고 꿋꿋하게 서서
하늘의 표정을 살폈을 것이야
온 가지마다 햇살을 받으려고 발돋움했을 것이야
삭풍과 가뭄에는 작은 가지 잎새 하나라도
다칠까 봐 기도했을 것이야
이윽고 아픔을 단단하게 만들어
소욕에 빠진 머리와 어깨를 툭툭 치며 말하겠지
쭉정이의 비애를 아니?
제 속을 보호하기 위해 가시를 세워야 하는
외로움을 아니?

산다는 것은
그렇게 끊임없이
스스로 힘을 만드는 것이라고
배낭 속에 알밤들이
말하는 것이다.

수박 껍질

남편이 다 먹고 난 수박 껍질로
반찬 만드는 방법을 가르쳐 주었다
버리기 아깝다며
어려운 시대를 살아본 탓일까

겉껍질과 빨간 살은 다 오려내고
하얀 살만 깨끗이 씻어 가늘게 채치고
꼭 짜서 고추장과 갖은 양념을 다 넣고
조물조물 버무려 주니
맛있고 훌륭한 반찬이 되었다
상큼한 수박향에 새콤달콤 아작아작하는 맛이
정말 좋았다

오늘 아침 식사 때도 한 접시 놓아 주었더니
다 비웠다
그리고 출근하는 남편 뒷모습에서
나는 돌아가신 시어머님을 보았다

남편은 제 껍질이었던
시어머님이 그리운 것이다.

오래된 화분 외 1편

박 미 자

목 축여 주고 말꽃 피우며
온전히 마음 쏟았던

누군가의 곁에서
대책 없이 환했던

아스름 늙어 가는 계절에
진한 눈빛을 교환합니다.

붉은 장미

장미와는 영 맞지 않는다
가까이 가면
누군가의 중매에도 불구하고
점점 힘을 빼거나 목을 떨구고
만지려고 하면
엉뚱한 배신으로 손을 찌르거나
들떴던 기분을 꺾어 버리는

장미와는 영 맞지 않는다
맞지 않는 것이 어디 장미뿐이랴
동문서답하는 남편도 그렇고
일터의 변덕스런 그녀도 그렇다
5월을 놓쳐 버린 사랑도 그렇고
뻘건 독설을 감춘 입술도 그렇다

부작용을 키우는 알약처럼
한 다발의 설렘도 시들해지고
기쁨의 순간들도 잠깐 피었다가 질 뿐
조문의 자리는 끼지도 못하는
붉은 장미와의 특별한 조우는 이제 기다리지 않는다

앙칼지게 숨어 있는 가시와 자만심이
물러지면 맞춰질까

나의 첫사랑은 장미였으나
영 궁합이 맞질 않는다.

가을 그 품 안에 외 1편

박 | 병 | 수

여름은 청마루 뜰에 흔적을 남기고
꽃잎을 흔들며 달려가는 아이들
파아란 하늘에 또르르 말아올린 웃음소리
'만지명월 사제장'
물에 비친 밝은 달빛
쓰르라미 소리에 고향 생각 나네
유난스럽던 여름은 가고
간간이 불어오는 가을바람에 취해
산능선 위에 구름 싸안으니
고원의 밤은 깊어 가겠구료.

수몰초

두 개의 현이
수면 위에 파장을 일으킨다

산은 왜 수몰초가 되어 가는지
주식의 차트는 왜곡을 일으키는지

버들잎과 가을 노래에 음표의
나사를 조이는 시간

이슬방울은 그림자 위로 떨어지고
세월의 비밀 하나를 숨겨 놓은 듯
나그네 달이 되어 가는지

시험적 습작 기간이 지나고 나면
그는 다시 고향을 그리워할 것이다.

찾아온 영상 외 1편

박│상│교

마음속에 응어리져 자리잡은 한恨
채워도 채워도 채워지지 않는 공허감
미움도 그리움도 싸잡아 안은 세월

그 많은 풍우風雨 속에 잊으렴도 하련만
너는 어찌 나를 홀씨로 만들어 바람에 날리느냐
오동지 깊은 밤마다 너의 영상影像 찾아 떠돈다

허구 많은 사연 가슴에 묻고 목울음 우느라면
창 밑 귀뚜라미 달맞이하며 월광곡을 연주하는데
추억에 잠겨 있는 속마음 머무를 곳 찾고 있단다.

정

그 누구일지라도
눈과 눈 마주치면 어리는 정情
인자하고 친근감 주며
은근히 정을 느끼게 하는 사람

파란 하늘같이
뭉게구름같이
부드럽고 깊은 정을 주는
속마음을 털어 놓고 싶은 사람

잊혀지지 않는
마음속 깊은 곳에
항상 머무는 그런 사람

사랑도 나누고
아픔도 익혀 가며
그리움을 서로의 가슴에 안고
영원을 생각하며

뜨는 해 지는 해를 같이 볼 수 있는 그런 사람.

대장간에서 외 1편

박상렬

시련 없이 얻어지는 것은 없다
녹슬어 버려진 쇠붙이가
어쩌다 여기까지 굴러와
시뻘건 불 앞에 누워 있다
젊은 사내가 팔뚝에 힘을 주고
제 마누라 이리 굴리고 저리 굴리듯
돌려가며 사정없이 내리친다
더할 수 없는 고통을
이를 악물고 참았다
나의 몸이 불에 달구어질수록
내리치는 망치 소리가 클수록
내 안의 영혼은 더욱 단단해졌다
대장장이의 굵은 땀이
죽어졌던 몸에 생명을 깨웠다
비로소 나는 살아나
네 손에 쥐어지리라
시퍼렇게 날이 선
칼.

후포다리에서

세월만치 빠른 것은 없더라
기다려 주는 고향은 있어도
찾아가는 사람은 별로 없더라
주점에서 한껏 떠들던 사람은
그 많은 사람은 어디로 갔는가
타향 나그네는 찾아가도
고향 찾는 이 없더라
길가엔 먹이를 찾는
비둘기 몇 마리 구구대고
후포 시장터 국수집
그 많던 식구들 얼굴이 그리웠다
잊혀진 사람 만나려고
나, 후포다리 위를 혼자 걸어간다.

편지 외 1편

박 선 숙

바람에 실려 온
언어들
마음에 들어와
현을 켭니다

가장 기쁜 음표 되어
춤을 춥니다

별 하나로 반짝이며
노래합니다

존재해야 하는
이유 하나
더 피어납니다

빛꽃

그의 깊은 곳에
새겨 놓고 싶은
심언心言
판도라 상자 그 아래에
쟁여 놓으렵니다.

기다림

오랜 시간
동거동락했던
낙엽이 떠나버린 날
모가지가 길어진 나무
텅 빈 들에 홀로 서서
바람 따라 서툰 춤을 춘다

뜨거웠던 날
비가 퍼붓는 그날도 함께하며
그려놓은 마음 지도엔
그가 보내준 눈빛
다정한 노래가
마음길에 은빛처럼 빛나고

또다시
기다려야 하는 긴 시간
키 큰 고목은 밤새도록
가지 끝마다 매달아 놓았다
소망등으로 반짝이는
맑은 이슬방울.

별이 된 시간 외 1편

박│숙│영

딱 나의 빈 노트만 한 크기의 하늘이 열린다
주름진 노을 밭에 흩뿌려진 상념의 잔해들로
노을의 색이 한 겹 더 농염하게 물드는 시간
그간 희망을 꾹꾹 눌러 애써 적었지만
시간의 다른 페이지가 코끝에 걸쳐진 안경 너머
허공에서 부딪쳐 날개를 편다

그동안 체면의 골방에 갇힌 의식,
갇힌 시야와 함께 무방비함을 가장해
스스로 결박한 손
침묵하기 위해 밤마다 독한 술이 필요했고
침묵을 지키기 위해 빈 노트가 더 많이 채워졌다
목울대에 올라오는 허무한 진실을 견디니
드디어 귀가 열렸다

이제야 내려오는 빛의 사다리
감정의 끝자락이라는 슬픔을 숨기고
빛의 소나기를 향해 찢겨진 시간을 발뒤축에 단 채
한발 한발 올려본다
옮겨진 발자국에 무게가 실린다
판화처럼 찍힌 자국 위를 복사하듯 그대로 밟는다
그것이 지상과 천상을 연결하는
시지프스의 무한 반복의 형벌일지라도….

야누스의 초상

살수록 내가 아닌 나를
마주할 때가 얼마나 많았던가
아니 비로소 진정한 나를
만날 때가 얼마나 있었던가

악마의 속삭임은 언제나
소리 없이 잠잠했다가
불현듯 어느 틈에 다가와
내 영혼을 잠식해 버린다

불안과 두려움의
마지노선을 넘는 순간
분노는 순식간에 퍼져
머릿속은 온통 거센 회오리

입에선 방언처럼
저주의 말 쏟아져 나오지만
이미 나도 어쩔 수 없는 속수무책
선과 악의 사이 미묘함 속에
줄다리기는 계속되고

나의 악행들
내 안에 가득할진대

소심함은 때론 선함으로
오해받기도 하니

드러난 죄의 행실보다
꼭꼭 잘 숨겨왔던 죄악이
빙산의 일각처럼
조롱하며 웃음을 흘린다

회개하는 맘으로
잠시 두 손 모아 보지만
우연히 바라본 거울 속엔
여전히 올라가 있는 입꼬리

아름다운 날들 외 1편

박 연 희

사방에 펼쳐진 아름다운 풍경
내 손에 잡히지 않고
눈에 보이는 것 모두
마음에 그릴 수 있게 만든
세상의 신께 감사를

내 삶의 소중한 것을
나 혼자 품게 아니하고
더불어 살아감을 실감케 하는
감성을 주는 아름다운 언어
우리가 바라보는 모든 것
감사함뿐이구나

시리도록 눈부신
너와 나의 별빛 같은 추억
온몸을 감싸듯 느껴지는
베이스 첼로의
은은한 선율 같은 사랑
나, 오늘도
햇살 환하게 드는 창에 기대여
먼 산 중턱 바라보며 그대를 그리네

그대 생각

내가 가꿔 놓은 작은 정원에
석양을 바라보고 싶어
내 시간을 그대에게 보내오

사소한 일에도 크게 웃던 그대
가벼운 고민에도 천근 같은 마음 실어 주던 그대
말하기보다 들어주며 행복해하던 그대

오늘따라 정겨운 그대 생각에 마음이 따뜻해
진실로 그대 사랑함에 후회 없겠노라
행복한 다짐으로 사랑을 채웁니다

믿어 주고 다독여 주는 따뜻한 그대 마음에 기대여
오늘도 나는 깊은 잠을 자렵니다
행복한 생각에 젖는 오늘이 아름답습니다

베 짜는 여인 외 1편

박│영│숙│

달그락 찰칵 째그락 철컥
베 짜는 소리
저러다 울 엄니 날밤 새우시겠네

혀끝 갈라질라
무릎 벗겨질라
째고, 삼고, 길쌈하여
씨줄 날줄 청춘도 엮어 놓고

오른발 한번
바디집 한번
베틀 북 한번
울 엄니
호롱불 아래서 날개옷을 짜신다

비단 색동저고리 지어 볼까나
세모시 옥색치마 지어 볼까나
반들반들 베틀 북
저러다 울 엄니 허리 휘어지겠네.

모랫날

장항 오리길 송림 백사장에
해당화, 양산 꽃들이 만발하였다
은빛 백사장에 자릴 잡고
해산의 고통을 잊으려는 듯
오월 태양빛에 모래찜질을 즐긴다
어머니가 누우셨던 자리
오늘 내가 누워서 모래찜질한다
미역국 한 대접에 정을 나누며
떡가루처럼 뽀얀 알갱이 속에
나를 묻어 욱신거리는 통증을 달랜다
옛 추억을 간직한 제련소 굴뚝,
송림 위로 뚫린 고가도로 하늘길
스카이워크에서 바라본
수평선 장엄한 노을빛이 참 아름답다.

설산의 한마당바위에서 외 1편

박 영 진

소복소복
눈과 눈이 손을 잡고
포근하게 내린다

설백雪白의 기운은
나뭇가지에 솜틀 꽃 피우고
은빛으로 평등한 땅은 입 다물고
정적미靜寂美를 타고 온
은은한 종소리에
내가 아늑하게 감싸인다

세상 피한 느낌표의 흐름 속에
지난 것들로 가득찬 추한 것
찌들어 버린 삶의 조각들이
심성心性에 포개 누워
알알이 고소한다

순백의 성역聖域에서
참회懺悔로
허물 태우고 있는데
하늘이 영혼 만지며
어둠을 녹이고 있다.

사유思惟의 한여름

대지를 달구는 태양 아래
시원한 바다에 꿈을 띄우면
마음 빛 속도로 들리는
푸른 파도 소리가 싱그럽다

가슴이 확 트이는 웃음 같은
꽃 노래 들리는
반 둥근[半圓]형의 수평선

이어진 옥색빛 향기 속에
가까이 헤엄쳐 오는 파도의
하얀 물보라의 날갯짓이
해변 모래알을 다독이며
스며드는 벅찬 이야기를 듣는다

얕은 파도가 찰싹대는 바닷가
하얀 속살 드러낸 수영복 차림의
맵시 좋은 여름꽃의 눈빛 미소가
뜨겁다

법석대는 해수욕장 풍경 속에 뛰어들고
헤엄치며 여름을 즐기는 그대에게
바다의 꽃다발을 선물하고 싶다

잘 익은 포도송이처럼 달콤히 돋아난
사랑을 움켜쥔 채, 활기와 낭만이
끼어든 한여름, 우리의 행복을
채워 주는 응원의 물결이다.

그 길 외 1편

박영춘

들꽃 향기로운 길
풀빛 감미로운 길

그 길
긴 줄 알았는데
짧기만 하다

그 길
끝없는 줄 알았는데
끝이 보인다

하얀 억새 꽃잎
날갯짓
가냘픈 그 길로
낙엽 한 잎 굴러간다.

삶은

어둠이 옷을 벗는
첫새벽
뻐꾸기 울음
앞산 숲으로 날아듭니다

풀잎 이슬
새벽을 열고
햇살을 맞아들여
마냥 미소 짓습니다

문 열리는 순간 사라지는 이슬
문 닫히는 순간 찾아드는 바람

삶은
여명의 문으로 그렇게 찾아왔다가
황혼의 문으로 그렇게 가나 봅니다.

바람에 몸 맡기고 외 1편

박 용 하

나뭇잎도 떠날 때는 아름답게 보이려고

온 산천 울긋불긋 단풍 물들이는 걸까

무위無爲로 가고 싶다며 몸단장 곱게 한다.

잎새의 저 눈짓 인사, 4막극은 징을 치고

어서 가라, 어서 가라, 잡은 손을 놓아 준다

바람에 몸을 맡기고 뚝뚝 걷는 퇴장 소리.

선운사 이팝나무

선운사 나를 불러 설레며 찾아왔다
절 뒷산 동백꽃은 목이 꺾여 돌아눕고
상심한 경내 나무들, 독경 소리 경청하네

전나무 그늘 길로 발길 닿은 부도 밭에
백파 스님 비석에는 추사 글씨 초롱 한 눈
붓끝의 뻗친 기운이 살아서 다가온다.

재촉하는 귀갓길 아쉬워 뒤돌아보면
동구 밖 늙은 이팝나무 꽃구름 두르고서
이곳은 선계라 하며 또 오라 손 흔든다.

노숙자 외 1편

박 일 소

어두컴컴한 구석
쭈그리고 앉아
알콜로 몸을 덮이는 노숙자

고향 아닌 고향이 되어 버린
지하철 역사 안
컵라면과 알콜에
기억마저 절여져 상실되어 가고

돌아갈래야 돌아갈
고향이 없는 그들의 삶

비 오는 이 저녁
우중충한 회색빛 음성으로
잊어버린 향수에 젖어
소주잔을 기울이고 있다.

사랑이 물거품일지라도

홀로 잠드는 날이면
그대의 젖은 눈빛이
가슴을 파고들어
잠들 수가 없습니다

꿈꾸는 듯 젖은 그대 눈엔 별이 흐르고
그 별빛 내 가슴에 젖어 오는 밤은
깊이 쌓인 돌무더기 그리움 되어
허망하게 스러지는 소리 들으며
그대 그리워 목마름에
남몰래 속울음 웁니다

갈기갈기 찢겨져 나간 마음 위로
무수히 비는 내려도
젖은 꽃이 물방울 맺혀
말없이 찾아와
가슴속 파고드는 외로움
한없는 그리움 빗물 되어 흐르고
꿈속에서도 아련하게
손을 저어 봐도 잡히지 않습니다

그대 향한 하얀 그리움
터질 것같이 가슴 차올라

다 쇠진해 버리면
아무것도 남지 않을 것 같아서
안으로 삭이려 해도
보여지는 것은 어쩔 수 없습니다

나는 그대가 쳐 놓은
그물에 걸린 인어
말문이 막혀 버린 그리움으로
내딛는 발길마다 칼날을 밟는 고통이기에
물거품으로 스러지는 사랑일지라도
오늘 밤은 그대가 그립습니다.

한세상 같이 살자 외 1편

박 종 문

정 주고 살아야지 뿌리 깊게 맹서하고
진종일 맑은 향기 영원하지 않음인 걸
가슴에 품어준 사랑 애달프다 뉘 알리

한평생 갈고 닦아 지켜온 정 얼마던가
진 세월 희로애락 喜怒哀樂 모양 없이 살았는데
영원을 꿈꾸며 살자 홀로 걷는 인생길

뒤돌아 빈손으로 노을 가에 기대서니
잡아도 품지 못해 허무하게 멀어지고
땀으로 빛바랜 인생 꽃잎 지니 섧구나.

평화로 가는 6·12 길

노을 진 자갈밭길 황혼빛에 기대서니
찌들어 일그러진 달빛 아래 창가에는
돌아올 임의 모습에 뜬구름만 머물고

길고 먼 피난길에 멍든 고향 돌아보니
지친 몸 쓸어안고 편지 한 장 띄워 보내
잡아도 품을 수 없는 허공 속에 빈자리

한 많은 이산가족 빛이 바랜 추억 속에
쓸쓸한 남북회담 엉킨 가슴 풀지 못해
남북미 평화의 구축 고산高山 길에 달이 뜨나.

입맛마저 빼앗겨선 안 된다 외 1편

박│종│민

예전엔 상상조차 할 수 없었던
바나나 오렌지 레몬 파파야 아몬드 망고
두리안이 시장에 거리에 넘쳐나고 있다

언제 어느 때부터 우리의 먹거리가
우리들 입맛이 시장 길거리 주방 안방에
두리안 아몬드 파파야 망고를 불러들였나!

분명 이 나라 우리 배달민족의 입맛은
사과 배 자두 복숭아 대추 밤 감 수박 참외로
인이 박힌 백성이라서 입에도 자존심이 있다

두리안 파파야 바나나 망고에 빼앗겨 가는 입맛
송두리째 흔들리는 배달민족의 안쓰러운 영혼
오늘의 딱하고 슬픈 이 현실을 어찌하랴!

자존심 잃는 이 처지가 애처롭고 안타깝다
민족의 근본 자긍심 잃어감에 두렵고 시리다
농업인들이여, 이 땅을 지키는 파수꾼들이시여!

금수강산 옥토를 가꿔 나가야 할 백성들은 지금
말려드는 외세에 입맛마저도 빼앗기고 있다
마음 아프고 불안 불편하기 그지없는 정황이다

동포들이여, 농업인들이여, 형제 자매들이여
이제 지금이라도 정신을 바짝 차려야만 한다
우리 주권인 입맛마저 빼앗겨서는 절대 안 되리라.

행복이란

행복이란
무게와 형체가 없으나
빛깔과 냄새가 다채로운
고운 무지개다
행복이란
마음을 비워야 보이고
욕심을 버려나 나타나는
예쁜 주머니다
행복이란
자신이 만들어 느끼며
스스로 향기를 풍겨내는
푸른 울림이다
행복이란
가슴속에 얼이 어리고
고이면 남에게 나누는
솟는 샘물이다.

사랑 외 1편

박│준│상│

당신은
이
미
우주의 열쇠를
가
지
고
있었다.

내 손자 손녀

1.
우진이가
할아버지에게
역사 이야기하니
대학생보다
더
역사를 안다

2.
태윤이가
봄날
붉게 핀
꽃보다
더
사랑스럽다.

3.
하윤이가
여름날
빨갛게 연
열매보다
더
귀엽다.

녹차 한 잔의 여유 외 1편

박 진 남

긴 옷깃
스쳐 배인
빛바랜 인연으로

그대와 나는 이 시각
주름진 미소를 마주한다

갓 데운
맹물 한 잔에
이루지 못한 옛 정을 되새기며

그리움이
뼛속까지 날아드는
종갓집 낡은 마루에서

가슴이 뜨끈뜨끈한
삶의 기쁨 하나 우려내어 마신다

겨울은
추위를 털며
새하얀 솜꽃을 살랑 피우는데.

중도에 대하여

안팎을 다 도려내야
참된 성품 보이는데

돌아서면 안이요
나서면 밖이라고

안과 밖 분별하면서
선 그은 이들 누구인가

들어섰으나 들어선 바 없고
나섰으나 나선 바 없는

본디 양변을 떠난
빛 밝은 깨달음인데

왜 이름 억지로 붙여
중도라 부르는가.

사진첩 외 1편

박|행|옥

색 바랜 사진첩을
펼쳐 본 순간
그 누구도 피해갈 수 없는 시간을
그때 그대로의 모습으로
시간에 갇힌 이들이 있었다

갓난아이의 내 모습
티 없이 맑게 웃는 모습
어린 시절 개구쟁이 모습
멋쩍게 커져 있는 잘생긴 모습
다정한 친구들과 찍은 사진들

사진을 보면
나도 모르게 순간 이동하여
그때의 시간으로 되돌아가
시간 속에 갇힌 이들을 깨워
함께 즐겁게 노닐다 온다.

석양

내 고향은 파도 소리
들으며 고요히 잠드는
평화롭고 아름다운 섬 마을

해 질 무렵 태양이 황금빛
노을 만들어 바다 너머
산등성 위에 걸터앉을 때

저녁노을 붉게 물든
엷은 뭉게구름 두어 점
태양 주위에 머물고

황금빛 노을 위로
갈매기 떼 줄지어
산등성을 따라 날고

은빛으로 반짝이는
바다 위로 흰 돛단배 하나
유유히 흘러갈 때는

그림을 그리던 화가는
그 경이로운 아름다움에
붓을 놓고 석양 속으로 사라진다.

울어도 꽃이다 외 1편

박현조

장독대 담가 두었던
장맛을 보러 가자

어머니, 아버지도 맛을 보았던
고향 집 낮은 숲으로 가자

거기 불빛이 보인다
그때 켜두었던 보름달

지금도 우물 속 거울처럼
빛나고 있지 않은가

눈물 흔적 지우지 못하는
구절초를 보아라

울어도 꽃이다
모두가 꽃이다.

바닷물은 꽃이다

봄바람이
바닷물과 사귄다

하얗게
소금꽃이
핀다

소금밭에서
반짝반짝

꽃술이
웃는다.

홍어 외 1편

박│화│배

흑산 앞바다 풍랑이 이는 날이면
홍어 우는 소리에
어부는 깊은 잠 이루지 못하고
동도 트기 전 어둔 새벽에
홍어를 만나러 간다

어부의 달콤한 꼬드김에 따라온
좀 어리숙한 홍어 한 마리
멋도 모르고
지푸라기 깔려 있는 항아리가
지 집인 줄 알고 들어가
넙죽 엎드려 눈만 꺼벅인다

멀리 파도 소리만 들려오는
부둣가 어느 허름한 집
어두운 외진 구석
홍어는 깊은 잠에 들어 있다

눈을 뜰래야 뜰 수 없을 만큼
몇 잠을 잤을까
잠에 취한 홍어는 뻘겋게
제 몸이 삭혀지는 줄도 모르고
그리하여

진짜 홍어로
다시 태어나는 줄도 모르고
그저 술 취한 놈마냥
곯아떨어져 있다

개미가 쏠쏠하다는 말로
징허게 톡 쏘는
제 맛이 든 이놈의 꼬리 찌릿한 향미를
다 말할 수 있껏느냐
육자배기 안주 삼아 입 안에 퍼지는
뻘건 이놈의 맛이
도대체 남도의 모든 맛을
다 보듬고 있다는 것을 알기나 하느냐.

개화

부드럽고 따뜻한 숨결로
내 귓가에 와 가슴 조이게 하는
당신의 입술

마른 대지에 온기가 흐르고
깊은 골짜기엔 수액이 솟아나
떨리는 기다림으로 전율이 일고

햇살은 목덜미를
핥듯이 타고 내려와
내 젖가슴에 아지랑이 피우며
깊은 입맞춤하더니
아! 나른하게 어지러운 내 육신

내 몸속 깊은 곳에서
스물스물 꿈틀대는 생명의 씨앗
움직이는 듯하더니
가지 끝에 작은 꿈이 피어난다

휘어질 듯 가는 허리에
수줍게 떨리며
벌어지는 꽃잎
아지랑이 숨죽이며
환희의 순간 훔쳐본다.

생 외 1편

박 희 익

구름 한 점 흩어지면
끝나는 인생인데
이놈의 먹구름

얼마나 많은 물을 이고 왔는지
온 세상 물바다 만들어
산은 섬처럼 둥둥 떠다닌다.

고향의 그림자

청포 뿌리에 타 내린 폭포 물 맞으려
긴 담불 줄 이어선 양산 행렬
약물이 된다고 천지에 소문나

갑사댕기 처녀들 땀 뻘뻘 흘리며 찾아오고
늙은이 어린이까지도 서로 앉으려는 물자리
발길 끊어지고 폭포 물 마른 지 오래

오는 날 청포 마르고 엉성한 폭포 뼈대만
남은 빈집
잡초와 잡목만이 아스라한 옛날의 추억을

개울물 의지하던 소라와 가재 뻥 구리
자취 감춘 내 고향 소 구령 폭 수골
아 그립다. 그때 그 모습 폭포 물줄기.

동백꽃 · 2 외 1편

배 동 현

선각자들은 안다
그는 애초에 초당에만 있지 않았다
이 추운 형산 뱃머리에서도
한겨울 내내 삼동을 견뎌 온 홍매紅梅처럼
종국에는 붉게 꽃피울
나라사랑의 꽃

유배 18년의 고독 벗 삼아
등잔불 아래서 일구어 낸
다산 4경의 약천이며
연못 속의 석가산石暇山이며
적거謫居의 진한 고독이여
샘 위의 검은 바위에 깊게 판
정석丁石의 노래여

눈 쌓여 인적 끊기고
산새 울음소리마저 깊이 잠든
이 삼라의 긴 겨울밤에
댓잎의 울음만으로 엮어
고이 피워 낸 꽃
동백이여

유배길 위 다산 당신의 눈물 아니던가요
동백꽃이여.

봄의 무례함을 고告함

어찌 글로 아뢰오리까?
이 엉큼함
작당들의 무례를

이 산 저 산 터져 나오는
암수 잡것들의
외도[不倫]며

이 골 저 골 준동하는
천지개벽 벽두의
난동하며

삼동을 부풀려 터트리는
꽃망울, 떼거리들의
속살 시위를

기세에 밀린 장끼란 놈
얼굴 붉히며
도망가는 속내를

어찌 말로 아뢰오리까?
저도 어쩔 수 없는
황당한 이 무례를.

진실, 그 소리 외 1편

배 | 순 | 옥

제 소리 한번 듣고 싶어 평생 바둥대던 그녀는
이젠 접는 게 좋겠다고, 소리가 가장 아팠다고 말했다
목이 쉬도록 울고 우는 그녀가 가여워 나는
하염없이 울었다
시간이 휘어져 멈췄고, 어둠에 죽지 꺾인 인연
멀건 눈만 껌벅이다 사라진다
밤이었다 야금야금 손목까지 먹어 치운 지나온 길이
여전히 널름거리고 내 등뼈에서 고양이 울음소리가 들린다
올무에 갇힌 생명의 쓸쓸함이 자라고 숨을 팔딱거리는 혀는
내 기억의 일부를 훔쳐갈 뿐, 아무도
그녀의 안부를 묻지 않는다
누군가 쉬쉬하며 내게 말을 툭 던지며 지나간다
소리의 암수를 구별하는 법은
제 몸 뒤집으며 항문을 보는 것이라고….

비가 내린다
견뎌내는 것이 맞서는 것보다
얼마나 더 집요한지 엎드려 울어본 자들은 안다
돌을 집어들고 소리를 향해 힘껏 던진다
켜켜이 찢어지는 소리들, 이제부터 나는
부서지는 법을 배워야 한다 그 뼈를 빻아 어둠 속에 뿌려야 한다
생각들이 들끓는다
누군가 내 몸에 빨대를 꽂고 아직도…. 날 빨아먹고 사는지
찢겨진 소리 하나…. 눈 시리게 선명하다.

피아노 그리고 고뇌 · 4
—소리의 중심은 울림

　혼신을 다하여 토해내는 심연, 팽팽하다

　소리는 울려 퍼지는 순간, 자신의 정체성을 드러내는 것
　가파르고 뜨거운 내 혈관이 소리의 뿌리를 찾으려
　긴장을 휘감고 균형을 잡는다
　굽은 능선마다 한기가 허공에 번지고
　줄 위에 오롯이 남겨진 쉼표, 숨을 버팅기며
　깊이 패인 소리의 밑둥 끌어당긴다
　미세한 떨림이 날 더듬어…. 음들의 술렁거림에서 마른 피냄새가 나고
　피맛을 끊지 못한 음들이 서로 할퀴고 뜯은 상처의 피를 먹어댄다
　소리의 등골을 빨아먹으며 검게 익어 가는 음들
　전율이 깊어 간다

　내가 환각에 빠진 것일까, 환청이었는지 알 수가 없다
　나는 퍼덕거리며 날갯짓을 하고 있었고
　소리의 등골을 빨아먹으며 소리 위를 걸어가고 있는 것이 아닌가
　소리의 뿌리들이 다 닳아 중심뿐인 제 몸을
　사력을 다해 끌어당겨 메치고, 독한 눈물이
　질주와 멈춤을 반복하며 생의 모든 경계들을 한켠씩 지워낸다
　나도 서서히 소리 중심에 걸쳐져 말려진다

말려진 표면에 점 하나, 텅 빈 중심이 울림으로 가득하다

마침표가 울림이라니…. 팽팽하던 것들이 헐겁다.

도꼬마리 외 1편

배종숙

지은 죄 뭣이길래 저토록 매달리노
각이 진 인생길에 가시로 돋은 앞길
너 또한 나를 닮아서 풍진 세상 사는가.

산수화

물안개 먹을 갈아 한 소절 그려놓고
물소리 한 가락에 초목들 춤을 추니
한 굽이 오를 적마다 종달새가 반긴다

천 리 길 굽이굽이 휘감은 달빛 아래
솔향기 바람 따라 살며시 젖어 오면
아득히 살아온 길들 묵향으로 펼친다

뱃길도 고달픈가 외로이 흘러가다
회오리 바람처럼 굽이쳐 돌아가네
가다가 가다가 보면 천년 세월 피겠지.

꽃지의 연인 외 1편

백|덕|순

다가갈 수 없는 바위섬
그 자리에 두 몸을 세워
천년의 세월을 사이에 두고
하나가 될 수 없는 꽃지의 사랑은
눈부신 노을 꽃으로 피어난다

오늘도
죽어 가는 빛의 축제를 위해
주연 모델로 선발된 꽃지의 연인
안면도 갈매기의 향연이 시작되면
노을 치마 갈아입으시고

저물어 가는 바다와
하늘이 만들어 가는 금빛 무대 위에서
번쩍번쩍 카메라 눈과 마주치면
황홀한 노을 축제의 주인공이 된다

적막한 파도 자락 넘어
바쁘게 돌아가던 바닷가 풍경 소리는
흔적을 지우면서 사라지고

방황하는 수평선 끝자락에
무지개 물감 풀어 영상 편지 그리다가

황혼길 더듬는 꽃지의 연인
빈 해변을 지키는 바다가 된다.

아버지 얼굴

아버지의 집 하얀 정원에
나보다 오래 웃고 울어 줄
동백나무 한 그루 심어 두고 왔어요

가슴에 놀던 그날의 꿈나무
모두 떠나버린 빈자리
하늘 지붕 아래 홀로 누워
한 해 두 해 몇 해가 지나갔는가

재 넘어서자 뜨거운 손길
아버지보다 먼저 달려나와
벙글거리는 꽃망울 속에

보고 싶어서 그리운
아버지 얼굴 그려 넣고
불러보고 이별하고 했어요

그리움처럼
방울방울 떨어지는 꽃봉오리
붉어진 가슴 안에 품고 와
하늘문 열고 묻어 두었어요.

멈추고 싶은 시간 외 1편

백│성│일

인정이란 눈곱만큼도 없으며
재주는 하늘이 부린다
쉬임없이 흘러가는
강물도 뒤돌아오지 않으며
해 뜨라 하면 해 뜨고
달 뜨라 하면 달 뜨고
앞산의 나무
단풍 들어라 하면 가을이라
세상의 모든 것 손바닥 안
노인은 아침상 물리고
돌아서면 저녁이라
말 한마디, 불평도 저항도 없이
앞으로 갈 뿐
하늘 같은 냉정함이 실체도 없이
그저, 따를 수밖에.

푸른 하늘 아래서

산천은 싱그러운 녹음이라
산들바람에 실려 오는
한 올 머리카락
구름 한 줌 없는 푸른 하늘
청춘의 과오에 짓눌려
차마,
눈부시어 시린 눈을 둘 데 없다
티 없이 맑은 하늘
연정戀情이라 써 놓고
쑥스러워서 웃음 먹고 돌아서니
바람 속에 실려 온 버들잎 하나
그냥
설레는 가슴 안고
발아래 머물 뿐.

숲속의 하얀 집 외 1편

변 근 석

봄 햇살이 살포시 내려앉는다
옥녀봉 산기슭
돌무개 마을 한켠
하얀 나무집
다정한 네 식구
여린 꽃싹
어린 묘목
발꿈치 들고 배시시 웃고 있다
어머니의 소박한 정원
손길 머문 자리마다
땀방울 송글송글
비탈진 텃밭
배추, 상추, 부추
초록 빛깔 웃음
지나던 바람도
멈추인 듯 고요하다
철부지 제비꽃
원추리 인동초 피어나
소박한 꿈 영그는
숲속의 하얀 집.

목련 木蓮

짧은 순백의 한생
긴 여운 남기려는가
쪽빛 하늘 가지마다
하얀 꿈 부푸는 봄날
갑사댕기
흰 무명치마 저고리
깜찍한 옷매무새
해맑은 짙은 유혹의 빛이다
언젠가부터
밤마다 별꿈꾸며
적도 위를 맴도는 바람처럼
어느 전생의 질긴 인연으로
숨막힐 듯 피어나
여린 가슴을 터지게 하려는가
하얀 눈빛으로
원죄를 고발하던
님의 생애처럼
짧은 생으로
넉넉히 살다 가는 법을 깨우치라는가
봄을 기다리는 마음마다
순결의 씨앗을 심어 놓고
유성처럼 떨어져 가는
첫새벽의 향기
긴 여운을 남기는 꽃이여.

금강 벼룻길 외 1편

서 | 영 | 숙 |

상처도 잘만 견디고 나면 길이 되나 보다
아비는 날마다 뼈와 내장을 꺼내어
정으로 패고 곡괭이로 땀을 찍다가
다친 상처가 바지게 속 무게를 지우더니
꾸불텅꾸불텅 길이 되어 버렸다
길은 날이 갈수록 단단하게 다져졌다
세상의 밝음보다는 어둡고 습진 곳에서
강물 소리 퍼붓고 씻어 먹먹한 귀를 열더니
긴 시간 골 깊은 뼈에 지문을 새겼다
때론, 숲의 뒷덜미를 잡고 부엉부엉 울다가
강으로 투신했지만 어질증 앓는 해종일
울울울 흐르는 강을 보듬고 나뒹굴었다
백년 벼룻길이 고속도로 뒷전으로 밀려나고
지천으로 깔렸던 금낭화, 으름 꽃, 가시덤불
헛잠을 잤을 너희들, 미안하게 되었구나
산자락 휘어잡고 바람이 후두두둑 파고든다
오랜만에 사람 소리가 길을 열어 줄 모양이다
길이 몸을 눕힌다.

소이진 나루터에서

늙은 시간을 까먹은 소이진 나루터가
강폭 하나를 다 차지하고도 허기에 차
이끼 낀 엉덩이를 들썩인다
뱃사공을 부르는 소리도
가을 햇살에 물수제비 띄우고는
오랜 시간 속으로 깊이 잠적해 버렸다
바람이 흐린 시간을 펼쳐 뒤적뒤적하자
가파른 벼랑을 치고
휘돌고 에두르며 흐르는 물길들을
가늠할 수 없어 쪽빛 라벨을 붙인다
놀빛을 연주하던 바람이
강물 껴안고 뜨겁게 입을 맞춘다
두루미 한 마리 못 보겠다는 듯
붉은 기염을 토하면서 허공을 찢는다
물 톱니에 베인 소이진 나루터가
굳은살 박인 풍경을 그리며
글그렁글그렁 근황을 묻고 있다
사람의 발길이 끊이지 않는
이름뿐인 너.

울진, 바닷가에서 외 1편

서 | 원 | 생

파도가 흰 거품을 물고 끊임없이 간지럽히지만
이미 실어증에 걸린 울진 앞바다
최소한의 감정도 포기한 채로
그냥 그 거센 파도를 맞고 살갗이 떨어져 나가
군데군데 파랗게 멍들고 있다

바다와 해변의 접경지역에서
헤엄을 치며 물살을 돌린 물고기들의 용틀임이
사라진 연유 때문일까

바다는 누렇게 오염을 토해내고
사대는 안쪽으로 급격히 쓸려
호흡도 할 수 없이 황폐해지고 있다

빼앗긴 것이 어디 고기뿐이던가!
고깃배도, 그물도, 투박한 어부의 입심도 빼앗기고
주리고, 허기지고….

어판장은 싸늘한 냉기까지 돌아

아, 옛날이여!
빨갛게 물오른 오징어 한 보따리 던져 주고도
오히려 만선으로 행복해하던 아저씨들

어부들이 한눈파는 사이
한아름 훔쳐 달아나는 아주머니를 보며
허탈해하는 아저씨의 모습도 그리운
장을 여는 울진 어판장

이젠 떠오르는 태양도 기댈 수 없이 헐거운
빛바랜 이름만 남은 곳
아무것도 내줄 것도 없는 울진 바닷가에서
비질하는 파도가 야속하기만 하다.

아버지

가던 길 멈추고 간혹 되돌아보면
여전히 그 자리에 서서
내 뒷모습 바라보시는 아버지!

하얗게 벗겨진 구불구불한 산모퉁이를 지나
비로소 안 보일 때
뿌옇게 이는 먼지 속에서 지워진 내 그림자 찾아
그때야 눈물 훔치는 아버지!

떠난 척, 다시 돌아 나와
먼 고향집 바라보고 서 있노라면
야윈 어깨 축 늘이면서
반겨줄 사람 없는 돌담 빈집으로
가물가물 소실점으로 사라진 아버지의 모습
내딛는 발걸음 걸음마다
돌부리에 채여 넘어질 듯 가슴 아리다

우리 가족이 뼈 시리고 정 고프던 시절
어느 날 아침, 갑자기
어머닌 하늘나라 달집으로 가시고
졸지에 홀로 남은 아버지!

매일 밤, 눈물로 단짝을 이루는 밤을 지새며

서원생 · 291

때론 몽유병 환자처럼
달집을 향해 식구를 돌려 달라며 주문을 외우던 용기
이젠 퍼진 죽처럼 다 식어
매일 동반하는 날만 손가락으로 세면서
날마다 산맥을 오르내리는 꿈만 꾸다가
밤길, 자식들 만날 낙으로 살다
헤어질 때면 다시 아린 마음속을 헤집는
동짓날 같은 긴 외로움을
언제 고향집 앞마당처럼 말끔히 쓸어 줄꼬.

꽃의 애환 외 1편
―존재증명 · 55

서 정 남

봉오리 벙글 때 아무도
못 들은 희열의 비명

스러질 때 아무도
못 듣는 숨 가쁜 신음

벌 나비도 숨어 버린
휑한 들녘에서 듣는구나

동면 후 너희들은
타는 태양 아래 찬연히 부활하지만

영면 후 우리들은
이도 저도 볼 수 없으니….

천국과 지옥의 차이
—존재증명 · 56

이것이 문제로다!

'있는 것은 있고'
'있지 않는 것은 있지 않다' 고
하느냐 못 하느냐,

'예' 는 '예'
'아니면' '아니' 라고
하느냐 못 하느냐.

평화도 전쟁도

그것이 문제로다!

삼겹살 외 1편

성 백 원

다낭 뒤풀이 우리집에서 합니다
워매, 뭔 지랄한다고 집으로 오래냐
여보슈, 핵교 가차운 데 암데서나 하지
우리집으로 오라는 건 뭐당가
뭐라 씨부려 쌌노
성대 앞 삼겹살 집으로 오라는 거 아이가
그랬다
국산은 아니라도 싼 맛에 뒷굽이 닳던 그 집
그 삼겹살집 이름이 우리집이란다
고깃덩어리 일곱 쪽에 만원 소주 한 병에 삼천원
셋이서 이만원이면 밥 한 그릇까장
잘잘 흐르는 도야지기름에
김치 볶아 한 끼를 때울 수 있는 그 집
불판에서 튀는 것은 기름뿐이 아니었지
저범을 들고 기다리는 술꾼들의 눈 속에서
활활 타오르는 붉은 살점들
기세 좋게 비우는 소주잔이 거듭될수록
길 건너 무제한 노래방 문짝은 바람에 흔들리고
기어이 낮술 몇 잔이 밤공기를 데워 주던
지친 하루의 노동이 허벌나게 그리운 그 집, 그 집으로
긴 장마에 지쳐 고단한 신발짝을 끄는 흐릿한 눈빛의 그대
그대의 식어 가는 삶을 초대합니다.

보약

4시 44분

공진단을 깠다
분신이 먹을
밥을 지으려다
누룽지를 이어 씹었다
엄니는 밥이 보약이라고 했다
사과를 꺼내서 깎았다
세 가지나 먹었다
폭포가 된 몸에서
힘이 쏟아져 내린다

쓰레기들
너흰 오늘 내 손에 죽었다.

인생은 비빔밥이다 외 1편

성진숙

밥을 비벼 보지 않은 사람
비빔밥을 먹어 보지 못한 사람
싫어하는 사람
좋아하는 사람
상관없이 사람들은 비비고 산다
쫓기고 찢기고
치이고 부닥치고
재료에 따라 식성에 따라 비벼댄다
여릿여릿 아가들은 봄나물 비빔밥
청춘은 쌈밥처럼 비빈다 입이 터지도록
황혼길 어른들은 죽을 쑤듯
느릿느릿 비빈다
선물 받은 하루의 양푼 속에
오늘도 쓱쓱 비비는
인생은 비빔밥이다.

미안하다는 말로

　사람들은 한겨울보다 더 춥다며 외투깃을 세웠다 만우절을 비웃듯 함박눈이 내렸다 노란 물 터트린 영춘화가 아프다고 했다 단단히 맘먹고 얼굴 내민 매화꽃도 벌 나비에게 슬프다고 말했다 속내를 모르는 여자는 설레는 맘으로 셔터만 눌러댔다 그리고 두어 달이 지난 어느 날 아픔과 슬픔을 깨달았다 천재지변이지만 돌이킬 수 없는 일이란 것을 미안하다는 말로.

길은 나의 것만이 아니다 외 1편

소 상 호

어느덧
길은 나의 것만이 아니다
오래된 길이라 구분이 없는 것 같다
항상 동행하는 것이지만, 핏속의 얼룩으로 남거나
눈물 속에 커다란 짐으로 남는다
길을 걷기도 하지만 뛸 때가 훨씬 많다
빠른 기차 바퀴의 울림이나 연자방아의 소 뒤꿈치처럼
길은 항상 무거웠다
몇십 년이 지난 지금에도 봄볕을 따라가는 길 옆 밭 두덩에 산자고
 억수같이 퍼붓는 흐트러진 소나기
 황금색 들녘을 비추는 먼 곳의 노랑 햇등
 이들과 함께 가려고 몸부림치는 것이다
 어느 때는 군청색을 뒤집어 쓴 바닷가에 앉아
 한 입 한 입 베어 무는 여물 먹는 모습으로
 목이 쉬도록 슬피 울며
 파랑 치마가 해지도록 나풀거리는 사연을 길에다 붓고
 백말을 타고 비망의 길을 향해 간다
 이제 그 길은 생명이 솟구치는 아이의 소성이 있는 것은 아니지만
 꿈에라도 다그치는 몰염치한 굿을 보지 않고서
 고귀한 가치를 달래는 것이다
 그러나 새봄의 우듬지를 보면 존재의 나팔 소리가 훨씬 우렁

차게 들린다
 아마도 혹독한 추위를 견디며 곧게 피어진 줄기 잎을 보니
 길 찾는 신념이 더욱더 뚜렷이 보이기 때문이다.

노을의 무지개

　싸늘한 바람은 해거름을 타고 호박잎을 쓸며, 되박이 잡곡을 쓰다듬는다
　밤나무 휘어진 막대기에 몸을 담아 하얀 낮달을 훔치며
　구리색 주머니 물고 있는 노점상 할아버지
　하얗게 솟은 밤송이에는 서글픔이
　모락모락 피어나고 있다,
　바쁘게 싸도는 일개미를 보면
　천장에 별을 세는 할머니의 여윈 눈빛에 걱정이 앞선다
　할머니 기력이 살아나 쇠 소리 울리고 방글한 미소 피게 하여
　고샅길 휘젓도록 하고 싶어 자주 자주 눈 가는 곳이 있다. 되박이에 뿔난 곡식
　하나 둘 세며 밭일 끝난 샀꾼처럼 호주머니 속 돈 잎을 세어 본다
　시집 간 딸내미 올 때 고기 사야 할 텐데
　쫄랑쫄랑 딸려오는 손자 용돈도 주어야 할 텐데
　그러나 뿔난 곡식은 꾸벅꾸벅 졸며 침을 흘리며 낮잠만 잔다
　담벼락에 뒤엉켜 멋을 내는 호박꽃은 선하품을 하고. 토박이 일개미는 땀을 닦으며
　열심히 지나간다. 그리고 할아버지 무지개는 하얀 낮달 품으로 소리 없이 빨려 들어가고 있다.

밝은 내일이 아름답게 빛난다 외 1편

손 병 기

새로운 기술혁신 다양한 정보사회
최첨단 과학지식 신나는 살림살이
고령화 시대 따라서 새로운 삶 꾸민다

진정한 만남에서 하나된 우리 인생
타오른 높은 정열 웃음꽃 피어나니
포근한 잠자리에서 사랑 싹이 자란다

진실한 소망 따라 행복을 일구면서
창의적 별빛처럼 화려한 생활 터전
감동의 소통과 협력 삶의 질을 높인다

세월이 흐르면서 변하는 시대 풍조
미래를 갈고 닦고 행운을 바라본다
축복의 밝은 내일이 아름답게 빛난다.

우리의 삶을 행복으로 가꾼다

사람은 누구나 다 잘살길 바라면서
저마다 꿈을 키워 바쁘게 살아가며
새로운 행복을 찾아 쉴 새 없이 일한다

사람을 돕고 있는 로봇과 인공지능
웃음과 재롱으로 일하는 귀염둥이
우리도 서로 도우며 지냈으면 좋겠다

마음을 비울수록 행복이 온다는데
자신을 돌아보며 바르게 살아가니
활기찬 인생살이에 자신감을 갖는다

희망찬 미래 속에 내일을 열어 놓고
무한한 가능 찾아 다 함께 살아가며
건강한 우리의 삶을 행복으로 가꾼다.

백목련 외 1편

손 수 여

봉긋한 하얀 얼굴
덜 피어 더 예쁜 꽃
순박한 너
장미보다 더 곱다
꺾어 피운 꽃 마흔 해
여전히
지금도 반한 그 꽃.

초상화, 닮게 살라

 산수를 넘어선 세월에도 꼿꼿이 정갈하게 살아오셨네요. 깊이 물어 바른 생각을 실천하신 이해호 화백님은 불가마 속 도자를 굽듯 여름날을, 그냥 있어도 흐르는 땀에 열정을 풀어 친 수작 내리신 초상화는 나와 거리가 먼 호남 이상형이네요 아내는 더욱 아니래요 그래도 난 좋아서 또 쑥스러워 슬쩍 쳐다보다 눈길 머물면 노익장 온유한 화신의 경륜이 묻어나고요 초상화처럼 닮게 살라 하시네요 치성으로 비셨던 울 엄니 기도가 담겨 있는 큰 어른 큰 뜻 부처 같은.

무작정 눈물이 날 때가 있습니다 외 1편

손 순 자

문득 하늘을 올려다본 날
구름비늘이 너무나 눈부셔
무작정 눈물이 날 때가 있습니다

수없이 뱉어 내는
상처의 말이….
서릿발 같은 위엄 때문이 아닙니다

함께 있으면 시간이 달콤한 음악처럼 흐르고
순간의 욕망에 흔들리지 않고
순수하게 바라볼 수 있는 그대

그 빛나는 순간들이
그저,
사랑이 아니어도

할 말도 잊은 채
그 어깨에 머리를 기대고 싶은 날
무작정 눈물이 날 때가 있습니다.

우체국에서

우편번호 책의
낯익은
지명地名이 보이자

엽서 한 장에
차마
쓰지 못한

그리운 마음이
먼저
그대를 만나러 갑니다.

달빛이 그리운 사람 외 1편

손 | 진 | 명

달빛이 구름에 찢기어
정신을 잃고 낙엽 되어
베란다에 차갑게 누워 있다
찢겨진 희미한 얼굴
물로 씻어도 지워지지 않고
파도처럼 바닥에 누운 달빛

검은 구름은 그 위로
까마귀 떼처럼 몰려오고
얼굴을 가린 희미한 달빛
시간은 고요를 움켜잡고
새시의 계단 위로 기웃거린다

적막한 그늘 아래 목쉰 달빛 소리
하늘을 여닫던 바람 구름을 몰아내자
누웠던 달 환한 미소로 걸어 나오네

창가에 비치는 저 밝은 미소
세상 모두가 너처럼 밝아진다면
어둔 세상 온통 웃음꽃이 될 텐데
목마른 사유思惟 달빛에 적셔 본다.

고향의 잔영

세월이 녹슬수록
향수鄕愁가 밤마다 머물다 가네
이제는 사람도 마실도 모두가 서먹한
타향인데 꿈은 아직도 어린 날 한복판에
뛰놀고 있으니 이래서 수구초심首丘初心이라 했던가

사립문 여닫던 손때 묻은 빈집에는
새와 별이 놀다간 자취들이 옥양목 빨래처럼
구석구석 널려 있다
듬성듬성 무너진 돌담에는 붉은 추억의
이랑들, 침잠했던 세월 귀담아 들어본다

눈부신 사연들, 오백년 조상의 얼이
가슴속 깊숙이 박혀 있네
선조들의 그 짙은 숨소리 수산정壽山亭에
꽃이 되어 피어 있네

돌아가리라, 내 돌아가리라
풋내 나는 고향의 향내음 맡으며
내 거기 가서 편히 쉬리라.

여름 이겨낸 나무 외 1편

송 연 우

대문지기 목련나무
불볕 같은 여름날
마지막 땀을 보내고 있다
군데군데 볕살에 데인 검은 잎새
흔들림이 눈길을 끈다

구골목서 프라다나스 무늬청목
111년 만의 더위를 이겨낸 나뭇가지들
서로 일깨우며 졸며
목마름을 서로 나눈 사이 사이
목련나무 꿈이 새끼손가락 손톱만 한 눈
눈에 보일 듯 말 듯 품은 게 놀랍다

넉넉잡아 육 개월 지난 뒤면
향기랑 비단 옷깃보다 아름다운 꽃잎
화들짝 하늘에 피워 올릴
기다림이 가득하다.

도깨비 가지꽃

마트 앞길 언덕에 옹기종기
타오름달 뙤약볕에 활짝 핀 꽃
발끝에 힘주어 꽃잎이 한결같다
불볕에도 현기증 눌러앉은 자태
꽃빛이 은은하여 아름답다
옅은 보랏빛 하얀빛 보일 듯 말 듯
처음 보는 다정한 꽃이 신기해
한 송이 꺾으려는데
손이 닿자 마구 찔러대는 가시
한동안 손등이 따갑다
이렇게 악의 꽃 처음 본다
제 낯빛 지키려고 찌르는 것일까?
자연을 해치는 풀이라는
'도깨비 가지꽃' 이름도 무섭다
그 다음 날 나가니 흔적도 없다
오죽하면 퇴출하기에 나섰을까
이렇게 악질인 꽃 처음 본다.

안중근 외 1편

송 철 수

가시밭에 흰모시 적삼을 입고 선 꽃이여.
품은 뜻이 얼마나 아름다운지 향이 곱구나.
지나는 길손마다 허리 굽혀 들여다보고
꽃향기 사진으로 마음에 담아 향을 냅니다.
겨울인가요, 푸른 부신 푸른 하늘이므로 살을 파는
추위는 높고, 높은 그 맛을 즐겨 붓으로 쓰고
평화의 글을 짓는 뜻이 어머니처럼 한결같아
말을 달리고 먼 곳까지 바람 되어 달려가
그 뜻을 하늘에 걸어두고 맹세하며 확인하고,
여름사자처럼 끝없는 들판 보는 깊은 눈이며,
언제나 아침을 든든히 먹고 속이 뜨뜻하며
다리가 튼튼하여 한 천 년 한 만 년은
쓰러지지 않고 서서 아침을 맞을,
붉은 마음 던져놓고 끝없는 창공을 가르는
속시원히 울리는 뜨거운 총소리와 함께
하얼빈, 이국땅 그곳에는 바람도 차가운데
온몸 떨면서 그래도 쓰러지지 않는 청청한,
마지막 겨울 지나 하늘에 오른 소나무여.

윤동주

윤동주의 짝지였다. 동주는 생각하느라고
말이 없었다. 햇볕 드는 창가로 걸어가
볕을 보아도 흐려 있었다. 조선어 시간을 공부하면
전깃불 켠 듯이 눈이 환했다. 등짝만 한 칠판에 써진
글 읽느라 눈동자는 맑았다. 동주는 내가 옆에 앉아도
깊은 생각에 빠져 알지 못했다. 말을 걸어도 잘 듣지 못했다.
잠시 지나 대꾸를 했다. 뭘 생각하고 있었냐고 물으면
"나는 뭘 하며 살지"를 고민했다고 한다.
그래서 나도 뭘 하지 생각을 해본다. 그리고 웃는다.
그래서 나도 동주를 보며 덩달아 웃는다. 그래서
뭘 하며 살 것 같아 물어보면
"나한테 주어진 길을 걸어가야겠다." 한다.
나도 내 길을 걸어가야겠다. 생각을 해본다. 동주는
생각을 먹느라 밥 먹는 걸 가끔 잊어버린다.
점심때가 되어 일어서도 동주만 혼자 앉아 있었다.
자신이 쓴 시에 곡이 입혀 노래가 된 줄도 몰랐다.
많은 사람들이 자기 보고 싶어 온 줄도 모르고
대성학교 윤동주 교실에서 민족을 생각하며 살아 있었다.

사랑의 온도 외 1편

신 다 회

비
바람
눈보라
천둥번개
38도 폭염도
꼼짝 못합니다
시를 노래합니다
흔들리지 않는
뿌리째 만남
인연의 끈
뜨거운
사랑
너

가을 춤꾼

하늬바람 따라
소망 하나 가슴에 달고
걸어갑니다

슬픈 보따리
내려놓고
깔깔깔
웃음 한 자락 펄럭이며

하얀 미소들은
하나 둘 셋
하늘공원으로 걸어갑니다

하늘 하늘
갈바람 장단 맞춰
어깨 춤추는 삶의 몸짓

'찰칵'
억새꽃은
은빛 한 조각 떼어 주곤
슬픈 영혼의 손짓인 양
몸을 흔들어 줍니다

날아가던 기러기 떼도
뒤돌아보며
소리칩니다

바람아
조금만 쉬었다가 불어다오
가느다란 허리 부러질라.

보름 달밤 외 1편

신│동│호│

낙뢰 맞아
숨 멎은
묵은 은행나무에도
겨울 달빛이 어리고

꽃 피는 새 동네
색동저고리
앞뒷산
망월 놀이
청치마폭에 싸여
옛 시절 멀어져 갔는데

술래잡기
밤새우던
연자 방아터
넓은 마당에

동치미 나누어 먹던
동무들은
지금 어디쯤서
그 달빛 시리던
기─인 겨울밤을
못 잊어 하는가.

12월

해 다 가는 달
독거노인의 한숨 같이
찬 숲에 내린 긴 그림자

댓돌 헌 고무신짝에
체념의 형체로 노닐던
겨울 저녁해가 서산 넘으려는데
정리할 것도 없이
그저 뺏겨 버린 한 해로
낮은 기침 소리 남기고
우리들 곁에서 멀어져 가면

언제였던가
가을꽃이 피어나던 거리에서
사랑이라는 이름으로 둘이 만났던 날이—
나비와 꽃과 벌들이
그런 순간이 지난 지금에서 와

악수를 남긴 슬픈 입술처럼
그리움으로 남았다.

두물머리 연가 외 1편

신 영 옥

물안개 피어오르는 두물머리
남한강 북한강이
으스러지게 얼싸안고
가득한 고요로 흐르는 저 물결

아득히 먼 옛날부터
끌어안고 가꾼 여울 얼마였으며
벼랑길 내려칠 땐 얼마나 아팠을까

태백 정기 받아든 검룡소 샘물도
금강산 단발령 흐르는 물줄기도
말없이 조우遭遇하는 두물머리 너른 품

퍼낸다고 버썩 마를 물도 아니오
흐름 막힐 천삼백 리 한강 더욱 아니다

오직 이 강산을 흐르는 맑은 숨결
우리들의 역사 생명의 젖줄이다

장하다. 한 가람
'한강의 기적' 세운 기백으로
우주 세계 넘나드는 먼 훗날에도
힘차게 달려라. 저 바다 끝까지.

시간을 세척하며

기억하고 있었구나
흘러간 줄 알았는데
지우려 할수록 생생하게 꼬리를 물고
되살아나는 시간의 여백들

흘러간 자리에
덩그마니 남겨진 조약돌처럼
몽글몽글 안겨오는 소통의 음영陰影과
형형색색 다가오는 선과 모형들
옹골차고 거세던 비바람도
얼마나 부드럽게 감싸와 안기는지

결국
물길도 바람길도
평행선의 구도 속에
나를 밀어넣는 자유의 의지인 것을

바람은 지울 수 없는 시간을 세척하며
찬란한 노을 속으로 주름을 펼쳐간다.

노년의 삶 외 1편

신윤호

많은 역경逆境과 고난 견뎌내고
열심히 살아 있음은 인생 행복이다

삶을 즐기며 산다는 것은 축복이며
자연과 삶을 누리는 것은 인생에 행운이며
넓은 마음으로 세상을 용서하고
삶의 찬미를 느끼게 한다

모든 세상 삶을 긍정적으로 보아야 하고
각진 마음과 모난 마음은 버려야 한다
주위에 거친 환경도 다 사랑으로 받아들여야 한다
원망보다는 사랑으로 도와야 하고
배려의 마음을 중요시한다

의심보다 믿어야 하고
기쁨을 일삼는 노년이어야 한다
계절의 찬란함을 마음으로 받아야 하며
그 속에 노년이 묶여 있다
노년의 고독은 간결하고
불평 없는 삶 속에 누려야 한다

지금에 노년은 청년이며 감사 속에
기쁨을 누려야 한다

오늘 여기서 있는 것은
은혜이며 특별한 축복이다.

하늘나라

저 산꼭대기 올라가면
하늘나라가 보인대요
상상하지 못할 천국이며
눈부신 보석으로 장식

식음을 전폐하며
호화찬란한 궁궐
천사들과 순진하고
어진 분만 사는 곳

이생에서 볼 수 없는
웃음과 해학만 있는
화려하고 편안한 세상
허영심도 없고

한결같이 춤추며
평생을 누리는
아주 특별한 그곳.

만어사 외 1편

심｜옥｜주

산사 그늘에
저마다의 기원祈願이
돌처럼 앉은

그곳

치어를 낳은
비늘이, 비린내 잦은
밥그릇이
배추벌레 솎아낸
흙이, 후두-둑 떨어지는
눈발이

그게 만 개쯤
밀려와
겨울이 되는

그곳

만어萬魚와 불佛이
공손히 모은 두 손에
연등燃燈이 되는

그곳.

오래된 그릇

오래된 그릇 안에
빗금 진 주름이
근사한 표정으로 웃고 있다
시간이 오목한 먼지처럼 앉아
우리는 그것을
세월, 또는 골동품이라고 부르며
분주하게 사진을 찍는다
누구의 그릇은 깨진 사잇*처럼
사랑에 가슴 아프고
누구의 그릇은 먹고 사는 일이
빗물 고인 자국만큼 서럽다

우리의 이야기를
빙빙빙 돌리면
원 같은 무늬가 모여
그릇이 된다
저마다 가슴 한번 울어 준,
딱 한번 단단하게 뜨거웠던 적이 있는
그릇이 된다.

※사잇: 한 곳에서 다른 곳까지의 거리를 뜻하는 '사이' 와 그릇의 윗부분이 깨졌
  을 때 '이가 나가다' 의 뜻을 함축하여 전달하고자 한 시적 허용 어휘

유월의 마지막 슬픔 외 1편

심종은

가는 계절의 슬픔이다

어느 유월에 불쑥 찾아와
내 가슴에 불지른
귀엽고 사랑스러웠던
어린 꼬맹이가 있었지

철들며 성장통 무지 앓던
황량한 벌판에 내동댕이친 벌거숭이
사랑도 미움도 짜증이나 괴로움마저도
모두가 그에게서 파생된 후유증
우린 서로를 바라보다
엄청난 가슴앓이를 했었지

널린 외로움 즐겨 씻겨 주던
날렵하고 잽싼 네 모습
제법 나이 들어 이젠 바라보지도 못하는
흐릿한 시야 속
그립다며 또다시 찾아드는 황혼 들녘에
속속들이 무섭게 파고드는 사랑의 그림자

인내하는 세월의 속 깊은 정리는
가는 유월의 마지막 몸부림이었으리라.

장미 한 송이

따가운 유월의 햇살
담뿍 내려와
새빨간 장미숲 품었네

지나던 발길 잠시 멈추고
농익은 장미향
슬며시 맡아보네

꽃잎에 어리는
그리움 속
문득 새악시 얼굴 떠오르네

장미 한 송이
정결하신 성모상 앞
화병에 꽂아
치성 드리는 울 아내
새벽 기도 꽃장식해야지.

가슴에 고인 빗물 외 1편

안 숙 자

가슴으로 비 내리는 날
씻기는 무성한 잎사귀 위로
한 마리 물새처럼 걸터앉아
젖어드는 마음과 대칭 이룬
빗물의 흐름을 본다

피땀의 시간들 묻힌
무덤을 적시고
무너진 모래성의
파란을 지우며
또 다른 미로의 시간을 헤엄쳐
낯선 길 돌아 마지막 닿은 곳

세상과 나 사이
무채색으로 흐르다가
갈증의 소용돌이에 스민 빗물
갈 길 없는 정채停滯에
마르지 않는 갈망의 이끼만
이리도 파랗게 번지누나.

꿈일지라도

넓게 펼친 토란잎 위
잡히지 않는 꿈처럼
맴돌다 소리 없이 사라져 버릴
어떤 황홀 입에 문 은구슬

삶의 시련 가혹한 자궁으로 스며
남몰래 땅속에 아린 씨앗 품고
긴긴 어둠의 시간 무릅쓰고
높게 펼친 잎으로

기어코 간직하리라 보듬고 있는
아린 이파리 위 은구슬 몇 알
저 찬란한 빛의 반사 허구일지라도
품고 있는 순간은 황홀하구나.

바다 외 1편

안 예 진

언제나 반겨 주고
웃어 주던 바다

오늘은
미친 듯이 요동치고 있다

누군가 큰 아픔 쏟아두고
떠난 모양이다

나도 아픔 묻으러
멀리서 허둥지둥 왔는데
울부짖는 바다 앞에
그저 가슴만 쓸어내린다

아, 너도 나처럼
이렇게 아픈 것인가.

꿈결

꿈속의 당신 사랑
놓치고 싶지 않아요

햇살 따라 스미는 미소
당신 맞이하고파
문을 엽니다

애꿎은 바람만 들어섭니다
옷깃 세우는 찬바람
얼음 바람도 행복합니다
당신을 기다립니다.

민들레 홀씨 · 1 외 1편

양지숙

흐릿한 눈동자에 쏟아질듯
들어차다
창 너머
연약함은 닿을 듯
어디에도 닿지 않아
졸리운 눈꺼풀 속으로
밀려들다
재채기 품은 솜털들
보드라움이 땅에 앉아
강해질 것인가
시름의 두께 얹어 보아도
저 연약함은
이길 수 없으니….

민들레 홀씨 · 2

어쩐다냐
마구마구 떠나가는
그냥 그냥 흘러
무작정 허공을 물들이는 숨결
어디다 깃들 것이냐
까치,나뭇가지
홀리는 아침
잎사귀 아득히 흔들리니
바람에
벅차게 날아오르는 설레임이,
숨결이
앞다퉈 쏟아지는 봄의 한 자락

꼭꼭 숨어라
다른 날에 우리 다시 만나게.

잔느는 모딜리아니를 사랑했다 외 1편

엄원용

긴 목으로
꿈꾸는 듯이 바라보는 저 고독한 눈빛
잔느*는 사랑하는 사람을
이렇게 텅 빈 표정으로 응시하고 있었다

푸른 눈빛으로
애수에 잠긴 표정으로
사랑을 애절히 갈구하고 있는
그녀의 눈에는 처절한 고독이 흐른다
고독 속에 사랑의 강물이 흐른다

모딜리아니는 알고 있었다
우리가 누군가를 사랑한다는 것
그 사랑이 죽음보다 더 애절하게 느껴질 때
그 서러운 영혼의 고독 속에서
꿈꾸듯이 그를 바라본다는 것을.

※잔느 에뷔테론 Jeanne Hebuterne(1898~1920): 모딜리아니의 애인. 그가 사망하자, 이틀 뒤 8개월 된 둘째 아이를 임신한 채 투신 자살한 비련의 연인이다.

서귀포의 봄

또 오는가
지난해 아쉬움을 남겨두고 떠난 그대

파도 소리를 안고
바람 소리를 안고
지금 연둣빛 빛깔로 다시 찾아오는가
그대 위해 남겨놓은 봄의 빈자리에
아름다운 빛깔로 들어와 앉겠네

한라산
굽이굽이 아흔아홉 골을 넘으면
새별오름도
천제연 폭포도
고운 빛깔 옷으로 갈아입겠네

그러면
이 한 해도 제주도는
사랑의 푸른 물이 흠뻑 들겠네.

격格이 다르다 외 1편

여│학│구

온 미친놈도, 미친놈이오
설 미친놈도 미친놈이다

안 간 놈이, 간 척하는 놈도, 간 놈이오,
간 놈이, 안 간 척하는 놈도, 동색 아니랴!

여편네는 개다리춤,
사내놈은 헤벌리고 앞발 박수,
이, 또한 더럽게 미친, 물건物件들….

제대로 미쳤다, 바캉서※,
열광熱狂의 도가니,
만인萬人·滿人이 우러러봐,

듬직한 황소걸음, 임자 만났다
가문엔 영광榮光!
국위선양도, 물론勿論이다

그래서, 천양지차 天壤之差.

※바캉서: 2018년 베트남 축구 국가대표팀(감독 박항서, 아세안 축구 연맹 스즈키컵 우승)

은빛 질주

무술戊戌, 시샘 달, 열여드레 날,
평창올림픽, 강릉 아이스 아레나*,

사력死力 다한, 혼신渾身의 질주疾走,
빙 속 여 제, 이 상 화, 500m 감동의 은銀!
메달보다 빛났던, 은빛 눈물,

"괜찮아, 괜찮아! 잘했다, 잘했다!"
팔천여 관객 기립박수!
모두가 취醉했던 감동의 순간….

대관령大關嶺, 쥔장,
칼바람도, 제몫 챙겼다.

※강릉 아이스 아레나Gangneung Ice Arena: 강릉 빙상 경기장
  금: 일본 고다이라 나오(36초 94),
  은: 한국 이상화 (37초 33, 1위와 0.39초 차이)
  동: 체코 카롤리나 메르 파노바

인동꽃 외 1편

오낙율

울 엄마 봄꿈에
청보리 익던
산마을 돼기밭에
하얀 인동꽃,

소쩍새 엊저녁
그 울음에
그리움 노랗게
저며 피는 꽃,

등 뒤서 놀래키던
봄 누나 냄새
찔레 먹던 밭이랑에
진동하는 꽃.

용흥동 역전골목

열차는 더 이상
이곳에 오지 않는다

역사가 있던
용흥동 역전골목
홍등이 하나 둘 꺼져 가고
빛의 갈증을 못 이긴
불나방들이
허연 가로등을 에워싸며
북새통을 이루고,

돈도 일도 갈 곳도 없는
남루한 눈빛의 노인들이
낡은 벤치에 앉아
건너편 구멍가게에서 멱살잡이해 온
깡소주*를 삼키고 있다

삶이
소주보다 독하다
삶이 독해서
소주로 삶을 해독하며
저들은 저렇게 살아온 거다

한평생
양보 받지 못한 삶을 살아온
저들에게 세상이
저 공간을 양보했구나,
저들의 남은 역할은
저 공간을
저렇게 메우는 거구나

c 8
소주보다 싱거운 삶은
삶도 아니다.

※깡소주: 강소주

겨울 가로수 외 1편

오|명|규|

출근길에
금남로에서
나를 닮은 한 사나이를 보았습니다
숱한 사람들이 오가는
거리 한복판에서 등신처럼 서 있는
그 사나이는
털어 버릴 것 다 털어 버리고
벌거숭이 맨살로
바람을 맞고 있었습니다
언어도 표정도 잃은 채
휘파람을 불면서
시린 가슴을 달래고 있었습니다
퇴근 길에
중앙로에서
또 그 사나이를 보았습니다
가로등이 눈을 뜨는 네거리 길목에서
연신 헛기침만 하고 서 있는
그 사나이는
가슴속 가장 깊은 곳에서
불씨처럼 일어서는 파도 소리를 듣고 있었습니다
모두가 가버린 빈 자리에
한 그루 헐벗은 겨울나무로 서서
가장 겸허한 자세로 세월을 익히는
기도하는 몸짓을 하고 있었습니다.

김선생

전라도 영암 땅에 대머리 김선생은 나이 60에
평교사라네
황소처럼 억세게 쟁기질하던 40년은 마파람처럼 지나가고
이제 남은 것은 주름 잡힌 이마에 흰 머리칼뿐이라네
친구들은 모두 교감 교장이라는데
아직도 땀에 전 교과서를 손에 들고 돋배기를 추수기는 김선생은
아이들의 마알간 눈망울이 하 좋아서 오늘도 백묵가루를 마신다네
이제 그만 느슨하게 살으라는 이웃들이 던지는 인사말에
고개를 살래살래 저으며 하는 말은
교육은 이제부터라네
이따금 창밖 허공을 바라보는 김선생의 눈망울 속엔
우수수 낙엽이 지고 겨울을 몰고 오는 바람 소리 차가워도 그는
언제나 기도하는 마음으로 오늘을 산다네.

나를 정말로 사랑하면 외 1편

오병욱

진실로 나를 사랑하는 길을
찾는다면, 갈 수만 있다면
평범한 것 같은 둘도 없는 나
귀하고 존귀한 나만의 가치는
참 아름답고 귀한 꽃이 될 것이다

길에는 밝은 햇살 가득하고
알맞은 기온, 흡족한 수분 되어
진정한 인간으로 살아가며
행복이 만발한 꽃을 피울 것이다

찬 서리가 내린다 해도
삶의 즐거움과 재미가
싱싱한 보람으로, 의미로,
끝없는 향기로 가득할 것이니

나의 진정한 사랑은
나도, 가족도, 친구도, 이웃도
참다운 인간의 꽃을 함께 피우는
행복을 만드는 요술 방망이로다.

흔적의 꽃

세월이란 내 강물 따라
웃고 울며 생긴 흔적들
그 강 물결마다 추억으로
석양빛에 일렁인다

마음 텃밭에
심고 뿌린 사연들
흘러가는 세월 먹고
영혼의 이슬 마시며 자라

슬픈 사연은 슬픈 줄기
기쁜 사연 기쁜 줄기로
줄기 줄기 줄기마다
향긋한 저 국화 같은
이 소중한 요 사연의 꽃

황혼의 가는 가슴으로
살피고 또 살피고
만지고 또 쓰다듬으며
보고 또다시 만져 본다.

노송 老松 외 1편

오| 칠| 선|

넌 멋쟁이
거센 바람의 파고波高를
미풍으로 다스려 온
멋쟁이, 노老신사이리라

세월에 흔들리고
발병나도 넌 멋쟁이
억센 팔다리로 평화를 끌어안고
꿈을 꾸는 넌,
아ㅡ, 고매한 낙락장송
낭만과 멋을 지닌
넌, 멋쟁이 노신사이리라

세상이 아무리 흔들려도
큰 세상 미풍으로 잠재우고
끌어안아 다독여 주는 멋쟁이
숲속의 거장巨匠인
은둔의 스승이거니

넌 거친 세월의 뒤로
오늘도 제자리에서
육중한 몸무게로
황토벌 조국을 받치고

앉아 있는, 넌 멋쟁이

이 시대의 건강을 지켜주는
낭만파 멋쟁이, 오―, 넌
노신사이리라
멋쟁이, 노신사이리라

만년 신사이리라
신사이리라.

※우리집 정원엔 약 3~400년 묵은 노송 일곱 그루가 있다.

푸른 숲속을 걸어보리라

숲속에서 꿈을 꾸면서,
내 영혼의 빈 집을 채워 간다
푸른 숲길을 걸어가 보리라

검게 그을린, 내 정신과 육신을
맑게 걸러내 주는, 숲길은 낙원이리라
푸른 숲길을 걸어가 보리라

꾀꼬리, 딱따구리, 뻐꾹새
통통새의 울음이, 처량하게 들려와
내 낡아간 영혼과 육신을
맑게 걸러내 주는,
숲으로 난 길을 호젓이 걸어보리라

깊은 숲속엔, 내 영혼을 맑고
투명하게 살찌게 해주는
하나님의 뜻이 임하리라

오! 숲길을 걸어가면, 세상의
욕심과 재욕財慾과 명예도
다 버리고, 하늘의 뜻대로만
살겠다는 인생의 새로운 꿈,
새로운 이상理想만을 꿈꾸게 하리라

숲을 사랑하고 걸어보리라
자연이 인간에게 주는 멋과
낭만과 행복감에 젖게 되리라
실로 위대한 인생을
꿈꾸게 되리라. 순수한 인생을
꿈꾸게 되리라. 되고도 남으리라
아—, 숲을 사랑하리라, 하리라

숲속에서 왕자王子가 되어 보리라
보리라, 보리라.

잎 넓은 가로수 외 1편

우 성 영

오르막길
하늘 가까운 곳
이파리 넓은 가로수

넓은 잎 펴들고
젖은 안개 먹구름
닦아내는 이파리가 되었다

푸른 하늘이 보일 때까지
이파리 걸레질

하늘이 하늘색이 아니어도 좋다
스님들 옷자락색만 되어도 좋다

이런 내 마음을
구름 닦고 걷어내는
걸레라고 불러도 좋다.

운주사 와불

조각구름
산허리 베고 잠들었는데

스님들 하안거夏安居에 드셨고
반쯤 문 열린 대웅전
본존불本尊佛 혼자 중생들 마중

무념무상無念無想 와불臥佛의 미소
속세 지친 인간들
가벼워지는 등짐

크고 작은 바위 돌들
여기서는 모두 부처님이어라

내 기억 속의 사람들
그들을 위해

이 절 경내에서만이라도
와불이고 싶어라.

강호에 님 찾으러 갔다가 외 1편

우| 태| 훈|

하늘에는 전운이 감도는 듯
먹장구름이 가득한데도 불구하고
몇 번인가 망설이다가
오직 님 찾겠다는 마음으로 길을 나섰지요

이윽고 도착한 강호에는
많은 검객들이 연신 칼 부딪치는
소리로 가득했지요

그 속에서 님을 찾기란 여간 어려운
일이 아니었어요

까치들이 연신 울고 있어서
무슨 좋은 소식 있으려나 생각했지만
큰 강은 보이지 않고 작은 강만이 보였는데

강호에는 둔탁한 소리, 쨍하고 깨지는 소리가
난무한데 한줄기 아름다운 선율도
흐르고 있었지요

그것은 당신과 나를 한마음으로
이어 주는 쇠사슬 같은 것이기도 하였지요.

어젯밤 본 그 님이

어젯밤 본 그 님이
꿈에서도 그리던 그 님이
눈을 뜨지 말 것을

세월이 흘러도

내가 찾던 그 님이
내가 사랑했던 그 님이.

산이 될 때 외 1편

원 수 연

산 좋아 산이 될 때
산도 기뻐 내가 된다

슬퍼도 울지 않고
즐거워도 웃지 않는

오늘도
한자리 마음자리
너와 내가 하나된다

언제나 산을 찾아
나는 네가 되다 보면

소리 없는 진한 안부
풀잎으로 듣게 되고

꽃처럼
피어오르는
산안개 너도 본다.

그릇을 비워야지

그릇을 비워야지
가슴을 닦아야지

까맣게 밀려오는
어둠도 퍼낸 다음

저만치
물러서 있는
별들을 불러본다

순하게 불고 있는
착한 바람 담아 보고

나뭇잎 푸른 웃음
얼굴도 만나본 뒤

또다시
빈 그릇 그대로
조용히 앉아 있다.

옥황상제 바위의 노래·2 외 1편

유경환

세존봉 중턱엔
맨 머리채로 왕관도 쓰지 않고서
왕관을 빼앗긴 채로
때론 부끄러운 듯
안개와 구름을 너울 삼아서
몸을 잠시 잠깐
숨기기도 하련마는
맑은 날이면
용담수를 더럽힌
허물 옷을 뒤집어쓴 채로
제 잘못을 뉘우치기라도
하는 듯하구려

천만 가지 약초 뿌릴랑
씻어 먹고 나서
힘차게 흘러내린
신령한 약수를
옥황상제도 몰랐을 리가 없으시련만
아마도 옥황상제도
그런대로 신령약수탕을
즐겨하셨나봥
좋아하셨나봥
기운을 좀 얻으셨나 봐

지금은 하늘 옥좌를
그 누가 지키고 계실꼬.

옥황상제 바위의 노래·3

하늘의 하나님 옥황상제께선
제1지구 지옥을 만들어 놓고선
금강산을 화석 덩어리로 만들어 놓고선
어찌하여 자신의 모습도
껍데기로 만들어 놓으셨는가요

왕관도 쓰지 않고 백성의 모습을 하고
앉아 계시는 겁니까. 인내천人乃天입니까
하늘의 지엄하신 말씀의 법을 어기면
옥황상제라도 벌을 받게 된다는 것을
보여 주기 위함이 아닐런가요
하늘의 하나님은 하늘에 계시면서
이 땅에 껍데기만 만들어 놓고선
인간을 구원하시려고요

경외와 경계의 상징으로 금강산에 계시는 겁니까
아니면 천하명산 천하절승 만들어 놓고선
애지중지하여 못 떠나시는 겁니까
제1천국이 파괴되어 오갈 데 없어
여기에 계시는 겁니까

악마에게 사로잡혀 노예로 계시는 겁니까
그 언젠간 잃어버린 낙원을 찾아서
영화롭고 존귀한 자리에 모셔 드릴까 하나이다.

서릿발에 걸친 달 외 1편

유 나 영

빈 뜨락에
달은 서릿발에 걸쳐 있다

밀리어 버린
사랑에 휘청이다가
그 옛날 다듬이 소리 젖은
울타리 너머
저만큼 마루턱에
할머니의 모습처럼
달은 서릿발에 걸려 있다

가는 게 정 싫어가서
때로는 서글픈데
때로는 처절히 밀리어 버린
정의 무더기 속에
할머니의 숨결은 깃들어 있고
그 뜨락 모서리에 하얀 서리 내려
달은 그 서리에 앉아 있다.

고향의 노래

늦가을 벌판에 바람을 몰고
새가 운다
아무것도 건져낼 게 없기 때문에
여러 가지의 광채를 생각하면서
비 오는 모퉁이를 돌면서
새가 흐느껴 운다

지난 시절이 얼마나 황홀했던가
알고 있는 새가
소유해야 하는 것 놓쳐 버리고
뉘우치면서
생각의 각진 모서리에도 매달린다

얻어 볼 아무것도 없는 벌판
헤집어 보지만
곰팡이가 낀 채 잿빛 노을 젖고
먼지와 공허와
찌꺼기만 나부끼는 세월의 마른 숨결만
이력처럼 넓혀진 자리
새가 삶을 쫓아왔다가 빈손으로
바람 앞세워 가고 있다.

생태공원 외 1편

유 양 업

싱그런 초록 내음 산야에 젖어 있고
소소한 그리움들 창공에 걸어두면
낭만의 푸르른 풀빛 웃음 안고 흔든다

시원한 숲속 풍경 다람쥐 등에 업고
흐르는 맑은 계곡 다슬기 주워 담아
황톳길 산자락 위로 영롱하게 빛난다

풀꽃들 가슴속에 회상의 나래 펴서
사연들 가득 풀어 실안개 뿌려놓고
눈부신 불타는 정경 꿈결 위로 날은다.

양평 두물머리

남한강 사랑 안고 북한강 추억 안고
두 물이 합류하여 옛 생각 더듬으며
세월이 할퀸 자국도 품에 안고 감싸네

양수리 새벽안개 피멍울 문지르고
물결 속 환한 얼굴 속삭임 도란도란
알싸한 황포돛배만 나루터임 알리네

우람한 느티나무 옥빛 물 바라보고
긴 여운 오랜 숨결 발자취 더듬으며
한 설움 번뇌 덩어리 버리면서 살라네.

춘하추동 세상 이야기 외 1편

윤 갑 석

방울마다에 생명의 씨알을 품고서
쉬엄쉬엄 소리 없이 긴 밤을 새워
항아리마다 춘정을 담아내는 봄비

두 손을 모아 세상 감싸 안으면서
황금덩어리로 뱃속 꽉 채워 나가는
한여름 오후 그 뉘 기다리는 배추

껍질 벗겨지는 온몸 그 아린 피멍
언제 그랬냐는 듯 하얀 분칠하고
가을밤 찰진 맛을 더해 가는 곶감

골짜기 타고서 강물처럼 흘러가는
달빛 아래 한 맺힌 여인들의 한숨
동짓날 처연한 다듬이 방망이 소리.

축제 그 쓸쓸한 마지막 밤

축제의 시작은 폭포수만큼이나 시끌벅적하였고
첫날밤은 은하수 흐르는 꽃불같이 황홀한 시간
찬란한 저 유등은 물결 위에 자태 한껏 뽐내고
취한 사람들은 부교 붙잡고 이리저리 춤추는데
오색등은 시집가는 색시 닮아 곱기가 그지없어
무대 수놓으며 흐느적거리는 가는 허리의 무희
불야성 속에 물과 빛과 소리가 하나되던 축제
오늘은 그 영롱한 마지막 밤을 맞으려 하는 날
검은 구름 몰려오고 사람들은 이리저리 흩어져
폭풍우는 장막을 찢고 유람선의 뱃전도 때려서
어느덧 내 몸뚱이는 젖은 한 마리 슬픈 망아지
축제의 마지막 밤 스러져 가는 불빛이 안쓰럽네.

바람꽃 외 1편

윤명학

모질다
설풍을 이겨낸 인내가
세월을 밀어가는
바람아
구름아

꽃이라 부르지 않는 너는
한 곳에 뿌리도 내리지 못하고
구름 되고 바람 되어도
욕심 한번 부린 적 있더냐

인생은 잠시
눈물 속에 핀 곱디고운 연꽃처럼
잠시 이슬 되어 사라지는 것

꽃이라 부르지 않아도 좋아
이름 석 자 남기고 갈 수만 있다면
바람꽃이라도 좋아.

황혼역

마음은 바람과 같고
시간은 흐르는 물과 같아
머무른 일 없이 사라져 간다

빗줄기 요동치던 지난 세월
그리움인지 슬픔인지
한 번도 버린 적 없는
사랑의 노래에
빗방울들이 나를 만지고 있다

달리는 기차 안에
먹다 말은 과자 부스러기처럼
간이역에 도착할 때마다
젊은 사람은 내리지 않고
낡은 사람만 내린다

저 간이역에도
황혼을 짊어진
그림자 하나가
새벽 레일을 두드리며
혼자 걸어가고 있겠지.

붉은 윤곽 외 1편

윤 유 점

가로등과 계단이 있다 슈퍼가 있다
정육점과 포장마차가 있는 골목
빈 박스를 끌고 가는 노파가 있다
자전거를 타고 가는 그의 그림자는
좀체 지워지지 않는다
CCTV는 없고
자동차 헤드라이터에 핏빛을 흘린
고양이를 찾아나서는 그가 있다
저녁은 느리게 숨을 몰아쉰다
어쩌다 이런저런 내리막길이다
후미진 틈새를 비집고 고양이는
만취한 거리를 엿보고 있다
확대경으로도 희미한 세상
산동네 지붕에서 먼 강을 내려다본다
나이테는 어설프게 둥글다
어디까지냐고 그는 다시 묻는다
난지도에 핀 팬지꽃 간절한 눈빛이
손가락 사이로 빠져나간다
고양이 눈빛은 조금 더 멀리 있다.

천마산 달빛

 아버지 일찍 떠나고 나는 그의 무덤에서 태어난다. 거친 산정은 하늘과 가까울수록 가파르다. 파수병처럼 나를 지키는 달빛과 암남반도의 산줄기의 물결은 안식처 위에 머리를 눕힌다. 더러운 피가 끓어오르면 식기 전에 마셔야 한다. 해안이 보이고 다리가 보인다. 미이라는 다시 또 태어난다. 망토를 쓴 검은 성자의 얼굴로 순교자의 길에서 만난다. 넝쿨장미 떨어진 골목길은 붉다. 찢어진 꽃잎이 분리된 장벽을 뚫고 처절한 침묵 속에서 깊이를 알 수 없는 강감한 눈을 뜬다. 하얗게 타버린 태양은 허름한 무덤 위에 쓰러진다. 탑 아래 숨은 그늘은 창문 안으로 팔다리를 흔든다. 부적이 된 이끼 낀 돌들은 빗살무늬 토기 아래 누워 있다. 나는 꽁꽁 얼어 버린 손을 비빈다.

나는 누구인가 · 169 외 1편
―우리들의 만남

윤 한 걸

우리는 함께 했다 즐거운 시간을
얼굴 맞대고 열 새해를 울고 웃으며
너나없이 언니 아우하며 함께 보낸
그 아름다운 세월의 톳에서 서로 웃었다

눈 덮인 제주도 한라산을 올라 눈 덮인 들판 헤매던
또한 설악산 권금성 정상에서 태극기 휘날린 날들
신흥사의 대불 앞에서의 환한 웃음 짓던 날도
그 웃고 즐기던 시간 이 강산을 바꾸어 놓고

낙산사 앞 밤바다에서 불꽃놀이로 즐기던 그때가
그때가 어제 같은데 그 아름다운 푸른 청춘은 어디에
십년이면 강산이 바뀐다고 하던가.
우리네 인생이 아직도 청춘인 것을

낙산사의 십삼 년 전 화마의 얼굴이 완전
제 모습을 찾고 내일은 묻지 마라 내일은 생각지 마라
오늘이 내 인생의 끝이라고 생각하고 살자
내일은 없다고 생각하고 웃자 또 웃자

긴 장마로 깨끗하게 목욕한 나무들은 푸르고
오늘은 푸른 하늘을 선사하고 있다
그래 암 그래야지 시도 때도 없이 아름다운
하늘이여 이 시간이 마냥 즐거운 나는 누구인가.

우리는 어디에서 무엇이 되어 다시 만나리

꽃님은 갔어도
시간은 남아 있고
아름답고 즐거운
추억은 남는 것

비가 와도 언젠가는
그칠 때가 있고
무한정 끝없이
오지 않는 것

세상이 더러워도
아름다운 사람은 있고
넘 맛있는
사람도 있고

우리는 월 수 목 만나도
가슴 여미고
카톡으로도
보고 싶은 사람들

좋은 글이 있으면
공유하고 싶은 사람
가슴이 따뜻한

사람들과 만나고 싶다

끝없이 그립고
보고 싶은 사람들
그것이 우리가 만나는
아름다운 멜로디가
아니던가요?

또한 세월이 흘러
우리는 어디에서
무엇이 되어
다시 만나리.

여인의 강 · 1 외 1편

이 귀 선

정갈한 물줄기 모여 흐르는 강이 있으니,
물새들 장단 두드리고 물수제비 맛깔스럽게 떠오르고
강가엔 크고 작은 수많은 생명들이 도란거리고
물푸레나무 정갈한 몸짓으로 일렁이면
가끔은 첫사랑 연정이 클릭되어
몰래 접어둔 가슴속 추억들이 술렁거린다
지난날 수줍음은 넉넉한 중년 아줌마로 변신
끝나지 않은 간절함이 돌아누우니
머리숱은 훤하고 희끗희끗한 새치들 아니,
흰 머리는 켜켜이 쌓여 온 은밀한 주름들
잊혀져 간 생각들이 보랏빛 향기를 품고
붉게 익은 유배지를 기웃대며 어둠을 갉아먹는다
보이지 않은 싱싱한 햇볕을 듬뿍 쟁여놓고
가벼워지기 위해 맑은 바람 속으로 걸어가면
강물 표면은 저무는 햇살을 받아 반짝거리고
고단하고 남루했던 심연의 영혼들은
굽이굽이 감돌아 질펀한 들녘을 휘감아
다정한 억새 바람 따라 노을 속으로 잠긴다.

그냥 그렇게

물봉선화 빛 농익은 저 노을은
살아 숨 쉬는 부활의 신비로움
더불어 살아가는 영혼의 비틀거림
바람에 쓰러지듯 삭신 녹아내리는 듯
다 거두지 못한 야윈 하얀 설움들이
비발디 사계의 음률에 맞추어 철없이
산자락에 푸른 이슬들로 출렁거린다

시끌벅적한 도시에서 벗어나
산과 계곡 바람과 새들의 어우러짐에
웃자란 헛가지들 매만져 맵시를 내고
예전에 몰랐던 빛바랜 일기장을 뒤척이며
한 자락 박혀 있던 옷깃을 훨훨 펼치면서
미움, 사랑, 용서의 단어들을 바람에 날리고
나와 어울리는 풍경 속으로 걸음을 재촉한다

화려하고 값비싼 것들이 아니어도 좋다
그저 휘파람에 흥얼대며 다정한 이웃과
향기로운 커피 한잔으로 눈인사를 나누며
포도, 자두, 살구, 상치, 쑥갓이 있는 텃밭
진수성찬 삼시 세끼가 아니어도 좋다
그저 맘 편안히 건강과 평화를 노래하는
그곳을 향해 무심히 흐르고 싶다.

최악의 삼복더위 외 1편

이 근 모

37도 오르내리는 가마솥 더위
방문을 열고 나서면
지평선 수평선 하늘땅이 하나같이
바람이란 바람은 다 잡아먹고는
가마솥 더위에 성냥골을 그어 댄다

겨울에는
동지섣달 최대 강추위라 하여도
오리털 겹옷 꽁꽁 싸매며
눈 위에 뒹굴기도 하였건만
입어도 벗어도 최악의 더위만은
한 자국만 내디뎌도 숨이 헉헉

황소 같은 무지막지한 여름아
비지땀 진을 빼놓고는
야위어 가는 몸뚱어리에게
무엇을 더 벗어던지란 말인가.

젊은 어머니들

학생들의 여름 봉사활동을 돕는
젊은 어머니들은 아름다웠다
자녀들을 승용차에 태우고 와
한여름 뜨거운 현장에서
환경정화 흙공을 함께 만드는 손놀림들이
여름 봉사활동을 한껏 달구었다

서툰 자녀들의 여린 손을 대신하여
팔을 걷어붙이고
황토 흙에 이엠을 첨가
어머니들이 다 함께 빚어내는 흙공은
밥상 끼니만큼이나
자랑스러운 손길이었다

인류를 위해 자녀들을 낳아 주었듯
환경을 위해 황토 흙공을
줄줄이 만들어 주는 어머니들.

물 흐르듯 외 1편

이 기 종

오는 세월 막지 않고
가는 세월 잡지 않는다
집착하지 않는 마음으로
길 따라 물 흐르듯
인연 따라 바람 가듯
내 인생도 그렇게 간다

바람 따라가는 길손 새들과 벗하고
물 따라가는 나그네 강 따라 걷고 있네
기쁠 것도 서러울 것도 없구나,
갖고 갈 것도 받을 것도 없는 인생길,
삶의 여백에 점 하나 찍어 보는
나그네의 길

무얼 아파하고 번민하리오
애써 움켜잡지도 마소
결국엔 다 놓아 주어야 하는 삶
물 흐르듯 구름 가듯 흐르며
바람처럼 가벼운 걸음으로 간다,

구름처럼 왔다가 사라지는 것
물속에 모든 것을 묻고
소망과 사랑만 갖고 흐르면서
열심히 살며 웃고 웃는다.

옹달샘

내가 나무하러 다니던 길옆
물이 퐁퐁 솟는 옹달샘
지게를 받쳐놓고
넓적한 갈참나무잎 두 번 접어
물 한 모금 먹으면
시원한 바람이 나를 반긴다.

맑고 작은 옹달샘
모래알을 굴리며 솟아나는 물
내 몸과 마음도 맑게 하네,
소독약 냄새나는 물을 먹는 아이
이 옹달샘에 데려오고 싶다.

숲이 무섭고 벌레가 무서우며
언덕 오르기가 힘든 아이
퐁퐁 솟는 이 물 먹고
몸과 마음 깨끗하여져
자신을 다시 보게 하고 싶다.

나의 숲에게 외 1편

이 다 은

너의 별이
어린왕자의 별만큼 작을 거라는
나의 생각은 오산이었어

까맣고 작은 네 모습
단단한 너의 모습이
부드럽고 사랑스러움을 간직하고 있으리라고는
상상도 못했으니까
미안해

꽃향기에 취해 꿈을 꾸었고
물오른 튼튼한 너의 다리는
내게 희망을 가득 채워 주었지
푸르름을 스치며 싱그러운 꽃길을 걷던 날들을
잊을 수는 없을 거야
고마워

황량한 바람이 휘돌아 나고
빛바랜 들판에 서서야
너의 따스함에 감사를 보낸다
사랑해

눈발을 이기고

다시 돌아올 너를 기다린다
많이 보고 싶을 거야.

노란 담장 하얀 대문

햇살이 머무는
채송화 금잔화가 곱게 핀 작은 집에서 살고 싶은
꿈을 꾸었지

아파트 발코니에 꽃을 심고
작은 어항에 금붕어를 키우며
아쉬운 마음 묻어 두었지

노란 담장
하얀 대문을 들어서니
화단에 심기워진 고추 깻잎
그리고 한켠에 자리 잡은 라일락 한 그루
내 꿈을 이뤄 주었구나

미끄럼을 타며 야호를 외치는 하민이
할머니의 꿈 엄마 아빠의 꿈처럼
멋지게 자라겠지
라일락 향기가 코끝에 다가온다.

벼알의 노래 외 1편

이 만 수

40도를 오르내리는 무더위를
즐기며 자라는 무논의 벼
선인의 말씀에 마른 논에 물 들어가는 것과
제 자식 입에 음식 들어가는 것이
세상 없어도 제일 기쁘다던 걸
물꼬를 열면 쿨쿨쿨 세차게 유입되는 물
논가에 앉아 언제 자랐는지
벼 포기마다 바람에 흔들흔들 춤을 추고
찰그락 사그락 영글어 가는 벼알*들의 오케스트라
농부의 마음을 간질이네.

※벼알: 벼의 열매

프로이드의 이론

곁거니 틀거니
욕심 다 털어 버린
뼈만 앙상한 가지에
까치밥 하나 대롱대롱
여기저기 상처난 거칠은 자국만
나이테는 늘어간다

귓전을 괴롭히는 엄동설한 찬바람아
지난
한해를 되새김하며
꽃을 피우고 열매를 품는 걸 보면
스톤헨지Stonehenge의 신비 아닌지

해마다 그맘때가 되면 주렁주렁
황금알을 욕심껏 찬다
감이 익어 가는 것이 농부의 기쁨과 평온
종교적 의식 히스테리가 아닌 실제

모진 태풍도 이긴
생명줄이 가위에 잘려나가
상자에 차곡차곡 쌓이는 즐거움의 원천.

산골 풍경 · 839 외 1편

이 명 우

저 파아란 하늘빛이
이제야 아버님의 색깔임을 알았습니다

힘차게 돌아가는 내 심장의 피가
이제야 아버님의 힘으로 돎을 알았습니다

아슬하게 올라온 내 인생의 사다리
이제야 아버님의 손길임을 알았습니다

아버지 불러도 대답 없던 그 목소리
이제야 여기 있다 하고 들립니다.

산골 풍경 · 840

광한루를 휘어 감고 춤추는 밤바람은
버드나무로 가락을 퉁기며 월궁가를 부르고

연못가를 거닐며 소풍 나온 저 달은
파문으로 그림을 그리며 시를 쓰고 있네

하늘을 버리고 여기에 와 살리라
뛰어내린 별들이 잉어가 되어 지느러미를 흔들고

이곳을 지키리라 일만의총 순절한 넋이
닭이 되어 남원을 품고 볏을 세우고 있네.

임종 외 1편

이 성 남

삼복더위에도 텃밭에서
땡볕에 앉아 풀 뽑으며
움직여야 산다고···.
근육이 굳어지지 않는다고···.

백 세까지는 염려 없을 줄 알았지
마을회관 이장 취임식 참석 요청
마스크도 목도리도 모자도 없이
큰길 나선 구십넷 아버지

휘몰아치는 영하의 세찬 겨울바람에
두세 번 길가 앉아 쉬어 가다가
마을 사람들 권하는 막걸리 한 모금에
쓰러져 뇌경색 판정 아버지

병원 침상 누누이 싫다고
서너 달 지나 치매로 병 짙어지니
자청하며 입원한 아버지
해님처럼 반기며 웃으시던 모습.

첫사랑 나무

이팔청춘 꽃띠 나이 때
한여름 밤 이름 불러 대는
느티나무 기댄 열아홉 소년 있어
몽유병자인 양 눈 비벼 가며 손잡았지

열이레 둥근달 구름 속 술래 되고
소쩍새 자지러질 듯 우짖고
언덕 아래 개여울도
목청 돋구었지

수줍음 머금고
팔랑개비처럼
시푸잎 가지나무 사이로
달음질쳐 간 소년….

연리지마냥 자란 느티나무 곁가지
반세기 세월 살더니 지난여름 아침나절
문경서실 담벼락 비스듬 기대어
눈 감았지.

아인슈타인 외 1편

이 수 일

생긴 것부터
도대체 알 수 없는 이
상대성 이론이 뭐야?
$E=MC^2$
모를 소리지만
당신도 더 살지 못하고
세월 속으로 갔어
느리게 가든 빠르게 가든
보는 이 잣대지
모르긴 몰라도
내가 아는 이론은

자전거를 타고
부지런히 가야지
안 가면 넘어진다는 이론.

미투

동백도 만발한 우수
춘곤에 지구보다도 무거운
눈꺼풀을 쳐들고
뜨거운 온천탕에
지친 몸을 담근다
노천탕에 봄몸을 누이고
찌푸린 하늘을 보는데
그만 춘설이 펑펑 내린다
이윽고 봄까치 몇 놈이
노천탕 위를 날며 깍깍댄다
"얼레리 껄레리 저 할베
뭘 봤다네 얼레리 껄레리"
뒤에 날던 놈도 깍깍대며
"미투! 미투!"
춘설이 난분분 시절도 난분분.

산 자의 방 외 1편

이 순 우

삶을 손에 쥐고 있는 시간이여
찰나여
삶 속 죽음 죽음 속 삶
같은 등가물이라 하자

꺾여진 장미 한 송이
삶과 죽음의 정점에서
물을 주고 있는 꽃병

식탁 머리
산 자의 미소 짓는 조화여
빚은 자의 혼이 숨쉬는 청자 항아리여
산 자를 위한 식탁이여
권태여 숙명이여 형벌이여

시간이 재촉하는 하루 하루여
오늘이여 맥박이여 호흡이여
오늘의 소중함이여
창 넘어 쏟아지는 햇볕이 따뜻하여라.

점 하나

일인日人 작가 구사노 심뻬이[草野深平]
겨울잠이라는 제목 밑에
점 하나 딱 찍어 놓고
눈 덮인 황야에 외로운 인생 하나를 표했다

나는 역사의 빗금 위 파리똥 하나 인생이라 했다
파리란 놈 인생을 세상을 점 하나로 규결시켜
시치미떼고 도망가다니

점 하나에서 태어나 점 하나로 돌아가는 인생
점 하나의 마침표는 새로운 시작을 위한 것
점 하나 속 세상이 열리고 우주가 열리고
점 하나의 나의 인생
내 육신은 내 것이려니 했는데
그 육신을 위해 평생을 헌신하고 투자했는데
소유권은 하나님이 아닐는지

발레리는 말하길
저 바보 같은 미래란 놈 결국 죽음이라니

파리똥 지우면서 비가 내린다
비에 젖은 대지를 말리면서 바람이 분다
해님이 웃는다.

사랑이란 낱말 외 1편

이 영 순

사랑하는 그대여
언제든 내가 그립거든
꽃바람 타고 날아오소서
그대가 온다면 마음의 싸리문 열어 드리리
혹여나
그것이 어렵고 싫으면
오지 않아도 나는 괜찮소
바람도 바람대로
서로 가는 길이 다른데
각자가 길 따라 살면 되는 것이지
못 본다고 불행한 것도 아니고
보고 산다고 행복한 것도 아닌 인생
안 봐도 보고 사는 것만큼
고운 그리움 하나 간직하고 있다면
우리는 서로가 행복한 사람이 아니겠소
행여 살다가 생각이 나거들랑
사랑이란 고운 낱말 하나만 잊지 말고 기억해 주오.

평안

갖지 못한다고 서러워 마라
세상엔 모두 다 가진 자는 없나니
누군들 세상 사람이 아닐쏘냐
꽃은 웃어도 소리가 없고
새는 울어도 눈물이 없다지만
사람은 그보다 신비롭고 아름다워
감출 수 없이 드러나는 모습이 있나니
누군들 욕심 없는 사람이 어디 있으랴?
살면서 우리는 숨 쉬듯 감사하며 기도하자
기도는 영혼의 목욕이며
감사는 미숙한 감성의 양식이니깐
기도하다 얻는 기쁨은
갈등하는 마음의 영양제가 된다
완벽한 사람은 세상에 하나도 없나니
무조건 사랑하자
사랑은 영혼의 생수 같으니
삶의 계단을 오르내릴 때마다
사랑만이 커다란 행복의 활력소가 되더라.

아내 외 1편

이은협

아들 하나 딸 둘 낳고
희생과 헌신과 정성으로 키우며
50년 하루같이 살아온 사람

생명을 위협하는
항암과 몇 번의 수술로
죽음의 골짜기를
굽이굽이 넘어온 사람
이제 앞산같이 다가온
죽음의 날 벼랑 끝에서
허리 꼬부라져
아기 걸음 하면서도

마음 편히 쉴 날
하늘 넘어
하나님 곁에 두고
날마다 자식 걱정하며
기도하는 사람

이 밤도
뼈마디마다 새겨진 고생
보람으로 지우며
신음하다 잠드는 사람
잡아본 손이 거칠고 낯설다.

그대 있음에

내가 그대 바람이 되어
하늘을 열어 간다면
들사슴 눈같이 청순하고
산백합 꽃처럼 아름다운 마음
열두 폭 병풍을 둘러친 내 가슴에
고스란히 담아 둡니다
내 그대 있음에
물 흐르는 시냇가
새들이 울고 꽃들이 피는
파란 들이 되기도 하고
내 그대 있음에
샛별같이 총명하고
아침 이슬같이 영롱한
잔잔한 호수에 뜬 달 타고
오는 임 맞으러 가는
실바람이 됩니다
내 그대 인생길
기쁠 때나 슬플 때
오누이같이
다정한 반려자가 되고
그대 삶의 짐이 무거워
휘청거리며 괴로워할 때엔
내 그대 편히 쉬어 갈 수 있는

언덕 위에 소나무가 될 것입니다
그대 있음에.

단풍 외 1편

이 재 곤

서산西山의 저녁노을
얼마나 닮고 싶어
봄여름 긴긴 날에
태양을 바라보며
그토록
바란 염원念願이
저렇듯 물들었네.

한여름 뙤약볕에
끈기로 참아내며
흘린 땀 보람 있어
그림 같은 자태 되어
떠날 때
떠날 줄 아는
아름다운 모습이여.

고향을 그리며

진달래 산나리가
철철이 피던 뒷산
피라미 송사리 떼
군무群舞하던 시냇물
초여름
모내기 소리
은은히 퍼진 논들.

푸른 산 맑은 시내
아늑한 우리 마을
어딘들 산과 개울 없으랴마는
그리운
고향 마을의
산과 냇물이.

낚시꾼 외 1편

이 재 성

미희를 미끼로
낚시를 던진다

고기는
군침을 삼키다가
아뿔사
본능이란 덫에 걸렸네

낚시꾼은 무죄?
고기는 유죄

후드득…
별이 떨어지는 소리.

※ 전쟁(다툼)은 피아간 상처를 입는다고 했다. 그리하여 싸우지 않고 이기는 사람이 강한 사람이며, 근래에 이슈가 되고 있는 성폭력이 정신적 가난으로 말미암아 양쪽 집안이 망신당하는 꼴을 졸시로 엮어 보았다.

더불어의 삶

함께 가는 삶 속에는
포근함이 묻어옵니다
혼자선 살 수 없는
세상이기에
나와 다름을 받아들이고
부대끼며 이 길을 가고 있습니다

그리하여
비정한 이 세상에서
소리에 놀라지 않는 사자처럼
흙탕물에 더럽혀지지 않는 연꽃처럼
남에게 이끌리지 않고 남을 이끄는
빛과 소금이 되리라.

생명의 고향 외 1편

이재흥

'만년설' 하면
아내의 허어연 머리가 생각난다

만년설이 덮인 산봉우리
그 깊은 속에는 늘 지열이 있듯이
반백의 아내
그 깊은 속에는
포근하고 따뜻한 마음씨가 살아 있다
나를 이해하는 마음이 있다

세월 속에
아내는 모든 것을 다 묻어 버렸다
그리고
일평생 남모르게 흘린 눈물로
머리털을 흰빛 나게 씻은 아내

아내의 그 깊은 속에는
핏줄을 통하여
대대로 이어지는 사랑의 고향이 있다
대대로 이어 가는 생명의 고향이 있다.

없어도 있다

아내에게는
황금 보석의 장신구가 없다
그러나

아내에게는
태연스럽게 웃는 눈빛이 있다
쪼들리지 않는다
서둘지 않는 넉넉한 마음이 있다

아내에게는
반갑게 부르는 자식들의 목소리
마음에 젖어드는 남편의 정이 있다
그 사랑의 흐뭇함이 있다

아내에게는
황금 보석의 장신구가 없다
그러나

눈을 감아도 느껴지는 행복이 있다
삶의 끝에 가서
하늘에 들어갈 영혼이 있다
하늘빛으로 파아랗게 물들어 가는
기도 속의 영혼이 있다.

이게 사는 거야 외 1편

이 정 님 이룻

오늘은 어김없이 찾아오고
"좋은 아침" 인사도 하기 전
고목 하나 벼락 맞은 나무처럼 쓰러진다
구급차 윙윙 짜증내며 달리는 소리

어디까지가 끝인 거야
시작을 모르는데 끝을 알 리 없지
비는 억수로 쏟아지고
사는 게 너무 서툴러서 서럽다

절체절명絶體絶命의 순간들은 사라지고
저녁이 되자 밤하늘엔
은총의 별들이 마구 쏟아진다

초승달도 포동포동 속살 드러내며
간지럽게 웃는다
삶이 서툰 게 아니야

이게 사는 거야.

사랑의 유효기간

애야~
사랑한다는 고백은
가능하면 하지 말고 살 거라
사랑의 용적은 너무 벅차
바늘귀를 뚫고 나갈 만큼
힘든 거란다

지구가 부글부글 끓어오른다
땡볕에 뒤척이며
꾸역꾸역 살아야 하는 현실도
너무 벅차지 않니?

한 솥에 체온 섞어 살았던 세월도
방방이 두 번 치는 순간 무너지더라
청춘의 꽃술 같은 시간도
물차 오르던 시절도 순간이란다

애야~
사랑 같은 것 하며 아파하지 말고 살 거라
사랑은 점화하는 순간
소멸하기까지 그리 길지 않단다

머잖아 이 뜨거운 한철도 지나면

가을 앞에
단풍들이 뜨겁게 타오르는 순간부터
사랑의 점화는 재災 되어 남는 거란다

그게 사랑의 유효기간이다.

석류꽃 붉게 피면 외 1편

이 정 록

사립문
삐걱거리며
마당에
들어서는
열사흘 달빛

달빛 따라
들어온
멀리
삽살개
짖는 소리

석류꽃
붉게 피면
오신다는
임은
이 밤에
오시려나

동동주
익는 향기
돌담길 휘돌아
임 마중
나가네.

새재의 단풍

새재
용추
물웅덩이에

가슴
설레도록
빨간
단풍을

예쁜
임께
보여 주려고

눈이
시리도록
파란
하늘도

백자
항아리에
함께
담았네.

생가生家 외 1편

이 정 롱

사랑방 긴 장죽長竹에서
할아버지 기침 소리가 묻어난다

무릎 위에 바래진
할머니 콧노래 가락
물레 소리로 남아 돌고

아버지 큰 한 소리….
실꾸리 감아 누빈
어머니 바늘 끝 사랑이
농은農隱(선친 이기원李基元의 아호雅號) 문갑 속
손금 안에 피어난다

대나무 울숲 밟아 오른
양정당養精堂* 높은 뜨락 위에
구름 한 점 바람을 타고
나는 까막까치의 울음소리….

눈 감아도 산문山門이 열리고
가슴 마디 살아남은 아버님 말씀
별빛 모두운 모선당慕先堂* 하늘에 뿌리진다.

※양정당: 선친께서 이봉운李奉云 조고祖考님 회갑에 여생의 휴양처로 세운 초당草堂.
※모선당: 생가生家 조상님의 신위位牌를 모시고 제사 지내는 사당祠堂.

파초芭蕉

더위 씻는 한 줄기 소나기
7월 선들마에 가슴을 열고

달무리 미리내 가로질러
맑게 내리는 이슬로
마른 목을 축이라

짐짓 디뎌 이르지 못 닿는
네 하늘
사뭇 꿈에 밴 아열亞熱의
연가에
아련한 저 달빛을 본다.
높푸르른 녹천綠天※이여.

※녹천: 이조 시대 선비인 이서구李書九의 당호가 녹천관綠天舘인데 바로 초록 하늘 파초의 별명으로 녹천綠天이라 했음.

봄밤에 찾아온 손님들 외 1편

이 종 문

여보게,
달빛이 똑똑똑 나를 부른다
잠 못 이루는 이 밤에
가슴을 열고 얘기나 할까?
달빛도 잠 못 이루는 무슨 고민 있는 걸까

여보게,
빨간 입술 꽃잎이 나를 부른다
나비도 잠들고
벌들도 쉬는 이 밤에
조용히 얘기나 하며 이 밤을 새우자 한다

창밖에 날 찾는 이
달빛과 꽃잎이라
달 밝은 창가에 꽃잎이 미소 짓는 밤
하늘이 보낸 손님들과
주거니 받거니.

반딧불의 노래

그대 날 찾아오려거든 서둘러 찾아오세요
별빛이 푸른 밤에 찾아오시면 더욱 좋지요
가을밤 달이 밝으면
이 몸은 떠나간다오

어둘수록 사랑은 진하고 깊어 간다오
칠월 칠석 북극성 빛나는 밤 그런 밤에
날 찾아 콧노래 부르며
사뿐사뿐 찾아오세요

밤하늘을 수놓는 화려한 반딧불은
이제 가면
내년 요맘때 다시 오지만
인간사人間事 당신의 운명은
날 다시
볼는지.

자유가 그립다 외 1편

이 종 수

나는 하등下等이 되고 싶다. 조금 불편하면 어떻고
구차하면 어떤가, 비록 시선을 못 받고
조금 비천한들 그게 무슨 대수란 말인가

다만 자유가 있다면 오로지 맘 편하게 지낼 만하다면
그게 과분인가?

모르겠다. 내가 왜 여기에 와 있는지, 이런 초라한
모습이어야 하는지, 자초지종을 나는 모르겠다
유명하다는 것이 만인의 지상이라는 것이
이렇게 거북하고 덧없고 보잘것없고 부질없는 줄을
예전에는 몰랐다. 왜 그렇게 악착같이
지체를 높여 양명하려고 했는지 곡절을 모르겠다

장삼이사로 필부필부로 살아도 좋은데 뺏기고
걸리고 넘어지고 지탄받고 찢기며 생애는
만신창이가 되어 이제 맘 편히 몸 둘 곳조차 없다

한때는 시선을 받는 것도 부담스러웠으나 세상에서
멀어져 소외된다는 것 또한 견디기 힘든 것이어서
불면으로 뒤척이는 밤이 자꾸 늘어간다

노심초사로 국민들을 위해 뒤척였던 밤들, 그러나

지금은 내 일신의 미망을 헤매는 노마드가 되어
참회와 오뇌懊惱와 번민으로 뒤척이는
인고의 밤들로 고독하다. 이제야 누구를 탓하랴

붉은 무리들은 음모와 모략으로 술수와 모반으로
내게 총구를 겨누어 33년을 때렸다. 정말 기가 차다
그러나 유구무언하자 후세의 역사는 사필귀정의
필봉으로 청사에 선명히 씌어질 것이니 그때까지 참자

나는 이제 눈물도 마르고 울어도 소용없고
사자처럼 갈기를 세워 싸우기도 어려우니
맘 누그리고 이 영어囹圄의 생활에 만족하련다

감방 안에서 생각하는 바깥세상
슬픈 형용사 구차한 부사 누추하고 비루한
접속사를 더 이상 발설하지 말기로 하자
그러나 밤하늘의 별자리를 보고 싶다
북두의 끝자리 저 멀고 아득한 북극성
저 광대무변의 밤하늘, 내 어릴 적 동화의
성채城砦, 나는 오늘 밤도 불면으로 뒤척여야 하느니….
오, 사랑하는 내 조국이여, 대지여
아름다운 이 강산이여, 호천망극昊天罔極이로다

뻥튀기

하루 종일 시장 한편 난전에서
대포동 미사일을 쏘아대고도
아무렇지도 않게 주섬주섬
돈을 챙기고 있는
검게 탄 두툼한 얼굴, 저 철면피

먹은 것은 복어처럼 볼록한
배에서 반드시 확대 재생산하는
당대 최고의 펀드매니저
지금까지 한 번도 손해본 적이 없다

늘 뻥뻥뻥 뻥뻥뻥… 허풍만
치고도 사람들한테 욕은커녕
칭찬을 듣는 못 말릴 거짓말의 달인

일터에만 나가면 그의
가슴은 언제나 용광로처럼 뜨겁다

이 나라의 경제도 한번 뻥튀기 해보자
그래서 주색에 절어 쓸데없이
한시漢詩나 주절대고 있는
이태백들을 이 땅에서 모두 몰아내자

그리고
수도 없이 날림으로 지어진
사오정을 이 땅에서 모조리 헐어 버리자.

깊어진다는 것은 외 1편

이 지 언

오후 6시가 문을 밀고 들어와
밥상을 차리고 시간이 가면
나와 함께 이불을 펴는 일
흐르던 바람 한줄기 창가에 와도
일어설 줄 모르고
넋 놓고 푸념을 들어주는 일

연민으로 가득찬 어둔 밤
좌표를 잃어 침몰하는 어선이 되어
심장을 향해 미끄러지고
돌풍 속에 내가 나를 잃어도
한쪽 어깨를 끄집어낼 수 없어
잠들지 못한 밤

탈골된 어깨를 기억하는 새벽 5시
네가 가져다 준 미궁 속에 날들을
집어삼켜 가슴이 뻐근한 날
네 어깨보다 내 어깨가 더 아파야 하는 일.

일방통행

연습은 없다
칼날보다 예리한 날들이
되돌릴 수 없는 고속도로 한가운데서
의기양양하게 바람을 일으키며
달려가고 있다
오늘을 집어삼킨 시간 앞에서
다채로운 감정을 추스르기엔
너무도 버거운데
살점이 뜯어져 나간 자리는
아무리 연고를 덧발라도
좀처럼 아물지 않고
우리는 가속 페달을 밟고
두려움도 잊은 채 촉각을 곤두세우며
하루하루를 살아가고 있는 것이다.

고목古木 외 1편

이 진 석

묵묵히 지켜 온
너와 더불어
역사는 흐르나 보다

비바람 천년
온 힘으로 버텨 온
검은 몸

뭇별이 열리는 밤마다
푸른 달빛과 손을 잡고
하나, 둘
해묵은 전설을 낳는 너

묵묵히 지켜 온
너와 더불어
강물의 함성
머―ㄴ
내일이 오는가 보다.

상사화相思花

누구를 향한
그리움이 깊어
이름도 애절한
'상사화'가 되었나

꽃이 필 때는
잎이 없고
잎이 필 때는
꽃이 없어
붙여진 이름 '상사화'

꽃이 풍성해 보일수록
더 아름다울수록
외로움도 그리움도
더욱 깊어만 보인다.

잠깐 누워서 외 1편

이 창 한

그렇구나
달이라도 있으니 얼마나 다행한가
그늘에 갇혀 차가운 누울 자리
언뜻 비춰지는 존재의 허술한 경계
뒤척이는 틈새로 쉬 잠입하는 게으름

누운 것이 아니다
차라리 인간의 시간으로 귀환한 것
돌아다니다가 마주친 생소하고 낯선 기억이지만
어디선가 본 듯한 망각 속의 기억처럼
착각은 아직도 나를 속이는 방식으로 대응한다

어두운 하늘이 저렇게 훤하게 어두울 줄이야
한참을 헤매며 천천히 눈을 감고
영혼의 시간을 육신의 시간으로 바꾸고 있다
일어선다는 것이 참으로 괴로운 것
자유롭게 추락하는 깨달음을 얻기까지
뒷모습으로 살아가야 하는 공허한 존재

시간은 어느 쪽으로 방향을 정할까
초조함이 기우는 달빛에 슬그머니 맨발을 내밀고….

하류 河流

근심으로 부서지는 회색빛 하늘
마른 모래밭 경사진 쪽으로 비스듬히 누워
장대 끝에 달려 있는 색 바랜 이별의 깃발
횟집 들마루 기울어진 틈새에 끼어 있는
걸떡이는 물 비린내가 죽은 혼을 붙잡고 있다

여름 장마 끝날 때쯤
안부가 궁금하다고 손전화로
낯설어 하던 당신은
나를 기울어진 의자에 앉혀 낮술에 취해
한참을 소리 내며 울게 하였다

닿지 못할 연緣에 다시 돌아온다고 해도
손사래로 등 돌린
푸른 계절이 강물에 상처를 씻고
첨벙이며 튀어 오르는 방치된 추억들이
자꾸만 깊은 강바닥으로 내려앉는 것을

물안개 내려앉은 나루에
잦아드는 몸짓으로 눈금을 새기는 바람
이별밖에 모르는 저녁 햇살 깔고 앉아
쉰 목소리로 고함을 내지르고

강江은
가슴 치며 아무리 불러도
돌아오지 않는다는 것을.

파도 외 1편

이 한 식

바다엔
물때에 맞춰

거센 파도 소리가
부서지고 머문다

때가 되면 보내는 것이
만고의 이치건만

비어 있는 바다를
다시금 채운 뒤

마지막 달군 노을로
향기를 남기고 질 때

먼 먼 전설 속 세상을
떨치고 가는 멋들어진 인생

언제나 영원한 파도의
꿀 맛 사랑은 무얼까.

나와 보니

나름대로는 한참 멋을 냈지만
보는 이는 어쩐지 좀

그런 것도 같고
아닌 것도 같은데

매일 거기서 거기
점점 무디어 간다

할 일 없이 바쁜 듯
어쩌면 따분한 듯

안 그런 척해 보지만
그저 그런 일상이 되었다

뭔지 잃어버린 듯 허둥대고
무얼 자꾸 찾는 것 같다

똑같은 세월이
오고가는데.

교회 십자가에 행복 보쌈 열렸네 외 1편

이 형 환

아~ 쌈!
사랑해요
감사합니다!
사랑의 상추쌈이 입에 가득!

아~ 쌈!
사랑해요
행복하세요!
행복의 상추쌈이 입에 가득

아~ 쌈!
감사했어요!
행복의 보쌈입니다
행복한 맛을 누리세요!

아~쌈!
하나님의 사랑을 드리니
천국의 복음을 전하고
이 세상에서부터 천국을 누리세요!

아~ 쌈!
보쌈이 오고가며
신뢰도 쌓고

사랑도 전하고
복음도 울리고

아~ 쌈!
행복감도 올리고
자존감도 승천하고
세상에서 복음 실행은 행복의 근원이네!
천국을 살아서부터 누려 보세!

팔순의 그리운 포옹

유구히 흐르는 금강 줄기 옆에 자리 잡은
봉황산
그 아래에 청춘의 꿈의 보금자리를 틀고
꿈을 키우는 밀알을 심었던 날이
어제 같건만

사람을 키운다고 허둥대던 세월이 언제인가
세상을 밝힌다고 소리치던 때가 언제인가

사람을 키우기보다는
내 얼굴에
주름 잡히고
흑색 머리가 반백이 되어
떠난 그 자리에
남은 것은 허상뿐이어라
남은 것은 공허한 내 목소리의
메아리뿐이구나

이제 팔순八旬이 되어 만나니
만감이 휘감겨
말소리조차 머뭇거리고
눈만 뻐끔대는 모습이
기쁨이요 슬픔이구나

만나서 다행이오
만나서 기쁨이어라
부디 건강하게 오래오래 살 거라!

사랑꽃 외 1편

이 호 연

지독히도 아프더니
노랑꽃이 피더이다

상처가 상처를 낳아
아픔을 꽃술로 하여
사랑꽃이 피더이다

시리고 시린 가슴에
곪고 터지고 덧나길
세월만큼 거듭하여

그렇게 뽀얗게
새록새록 피어나는
그리움의 꽃밭이더이다.

씨앗

오늘도
알맞은 가슴 깊이에
씨앗 하나 품고 집을 나선다

햇살 받아 몸을 추스르고
물 한 모금에 목을 축이면
맑은 공기는 숨길 틔우는 신바람이여

날마다
새로운 마음으로 길을 걸으며
만나는 사람마다 인사 나누고

내가 품은 씨앗이
어떤 열매 맺을까 궁금해
설레는 아침은 축복이거니

이 아침 모두들 안녕하신지.

지평선 안개 외 1편

임｜제｜훈｜

저 먼 지평선 산들
뿌연 먼지 하늘에서
발끝까지 때묻은 옥양목
저쪽 사람들도 같은 희스런
옥양목 옷 입고 있겠지
저들도 날 볼 때
강아지 하고나 놀 반거충이로
뱉아 버릴 게 아닌가

8월 중순 가로수 느티나무
떠나도록 울어 쌓는 매미들은
혹서의 무더위가 제격이라
힘차게 노래하고 있는데
지평선 산을 둘러싼 뿌연 안개는
어느 산신령의 노래판인가
40도를 훌훌 넘는 태풍
흙탕물의 첨방 넘는 묘기
좀 걷어갔으면
오죽이나 좋겠는가.

매미 소리

가로수 회나무 꽃잎들
기다림에 노랗게 지쳐
길바닥에 떨어져 뒹굴 때

7월 12일 11시 반
대구 계명대 동문 앞
느티나무 가로수에
매미 한 마리
방금 돌아왔어요
13일 9시 10분
두 마리가 도착 알림
며칠 내로 수십 수백 마리
느티나무 가지 찢어지게 울어 젖히겠고
회나무 꽃들은 떨어진
꽃잎 청소에 바쁘겠지

39~40도 열대야 야단스런 여름
8월까지 끌고 가면서
매운 맛 보여 주겠고
에어컨 찬가 천지 진동하겠지.

꽃차 한 잔에서 만난 자유 외 1편

임 향

꽃잎 하나 동동
찻잔에 띄운 꽃배에 마음을 누이면
심란이 사라지고
꽃배는 괴로움의 근원지를 찾아
서서히 달려가지

소유하려는 탐, 진, 치,
탐욕에서 비롯한 괴로움
원인을 알고 원인을 놓아 버리면
마음의 속박에서 벗어나
평화로운 내 안의 나

차향을 음미하며
꽃잎 배를 누인 강물을 마신다
자유를 마신다
비로소
꽃물 든 몸과 마음
미소로 가득한 고요.

만남과 이별의 미학

마음으로 다가오는
그리움과 욕망
막을 수 없어
마음문 열어 주고

내게서 멀어지는 네 마음도
막을 수 없어
마음문 열어 주었지

오면 오나 보다
가면 가나 보다
생각에도 자유를 주니
머물 만큼 머물다 가네

만남과 이별의 미학은
저절로 오고 저절로 사라져
늘 고요한 호수 같은 마음이네.

우편함을 보며 외 1편

장 동 석

우리집 아파트 문을 열고 들어서면
밤낮없이 보초를 서고 있는
우편함이 두렵다

그 옛날처럼
배달부 아저씨를 무작정 기다리던
가슴 두근거리는
핑크빛 사연은 온데간데없고
우편함 뚜껑을 열자마자
물건 사라는 아우성들
돈 내놓으라고 손짓하는 고지서 다발들
여기저기 쏟아지는
각종 교통 위반 딱지와 세금 체납 처분장
손에 쥐는 광고물이 무섭구나

우리집 아파트 문을 들어설 때마다
요즘 실속 없이 배부른 우편함에
반갑지 않은 기별들이
자꾸만 두려워진다.

가을 주왕산

가을이 화가를 데리고 와
녹색보다 노란잎 훨씬 더 많게
온종일 각종 물감으로 곱게 색칠하고 있다

인생의 튼실한 결같이
모든 근육질이 울퉁불퉁 솟은
연화봉 병풍바위 굽이굽이 산길을 돌아
내 마음의 빛깔로 서 있는 나무들
붉게 탄 가슴으로 손짓을 하고
햇살 한 줌 드리운
산그림자 물속에 잠긴 채
속살 드러낸 우람한 용추폭포는
하늘 끝닿는 애절한 곡조를 내뿜는다

첩첩이 시름 짓는 시루봉까지
깊은 산골마다 울긋불긋 물든 나무들
물감이 아무리 좋다한들
이토록 고운 빛깔을 낼 수 있을까
인생의 잔잔한 강처럼
학소대 물웅덩이 계곡을 따라
정기 깊은 산중 내줄 때
하늘이 부리는 마술 같은 조화로
내 가슴은 형형색색 흥건히 물들고

가을이 화가를 데리고 와
단풍잎 유난히 더 붉게 풀어
순수한 자연 모두 다 화폭에 담고 있다.

나무들의 삶 외 1편

장│문│영

소요산 머리 위로
잔설이 희끗희끗한데
겨울을 밀어낼
눈부시고 화사한 햇살 그리워
외롭고 고독한 겨울 영혼을 녹여 줄 계절을
안타깝게 기다리는 나무
얼음 모자를 겨울 내내 두껍게 쓰고
뼛속까지 시린 바람을 안고 버틴 인내
뿌리에선 물을 길러 나르고
얼었던 팔에 연초록의 잎새들이 머리를 내미는 봄
때가 되면 풍만한 푸르른 몸부림으로 요동치는
여름옷으로 갈아입고
떠날 때는 미련 없이
갈색 옷으로 갈아입을 줄 아는 순리와 질서
도착지가 언제인지도 모르면서
세월의 강을 끊임없이 허우적대며
삶의 그림자를 화려하게
때론 어둡고 슬프게 그리면서
삶의 나이테를 만든다.

사람의 향기

나오지 못할 세상의 바다를
겁없이 점점 깊이
들어가며 헤엄친다
물 위서 보지 못하던
많은 생명들을 구경하면서
생동하는 젊음의 파도와
희망이 갈매기처럼
춤추던 계절은 지나고
바다는 깊을수록
조용하고 말이 없다
산다는 것은
어쩔 수 없이 주어진 운명
갖가지 모양의
큰물고기의 삶이나
아름다운
자그마한 물고기 같은 삶도
다 같은 것
산속 깊고 숲이 많을수록
초록의 뿜어내는 향기가 짙듯
사람 사는 세상의 바다도
속이 깊을수록
사람의 향기가 짙게 풍겨 온다.

이슬 외 1편

장병민

이른 아침 찬란한 햇살에
영롱한 모습으로
나에게 다가왔지만
머무는 시간 너무 짧아

아쉬움 남겨두고
사라져 간 그대
인생의 삶과 같아
한바탕 꿈이던가?

방긋 웃는 햇살에
눈물지며 떠나야 하는
이슬과 햇살이란
함께 할 수 없는 숙명

욕심 없이 왔다가
미련 없이 떠나가는 너
빈손으로 왔다가
빈손으로 가는 덧없는 인생.

흰 구름 따라

둥둥 떠가는 흰 구름
바람결에
꽃이 되고 새털도 되고

넓은 하늘 유영하는
자유로움과
평화로운 신비의 세상

파란 하늘가에 심은
무한의 사랑
노을 속에 잠길 때

이슬 같은 삶의 세월
영롱하지만
사라지는 추억 한바탕 꿈

밤하늘에 샛별처럼
흰 구름 따라
빈손으로 떠나는 나그네.

벚꽃 지는 밤 외 1편

장 인 숙

구름처럼 만개한 벚꽃이
때가 되니
바람에 낙화로 나부끼며
꽃보라를 만드네

건너 산에서 우는
멧비둘기 소리 구슬프고
그리운 사람을 떠나보낸 가슴엔
시린 아픔이 움터 오네

꽃받침을 떠난 꽃잎들은
열매 안착을 위해 떠난다지만
그 사람은 누구를 위해
자리를 비켜 주며
천국으로 떠났을까

아!
만물이 소생하는 봄이라지만
나에게는 춘래불사춘
잃어진 잠을 찾아
봄밤을 헤매이네.

산딸기 추억

먼―
젊은 날
어느 여름

그이는
이른 아침 산책귀로에
농익은 멍석 딸기 한 움큼 따
푸른 갈잎에 싸서
아침 밥 준비하는 나의 손에
살며시 쥐어 주었네

진주홍빛의 딸기 속에
은은히 물결 져오는 행복.

천하를 얻은 날 외 1편

장재관

감사하고 또 감사해도 끝없이 감사한 날
세상이 온통 나를 위해 준비해 주고
천하가 고스란히 내 품에 안겨 오는 날
든든한 축복 속에 맘 설레는 날
첫울음 터뜨리며 세상에 태어나
아버지의 한량없는 사랑과 관심을 받고
어머니의 마르지 않는 은혜로운 손길에
반쪽인 줄 모르는 채 반쪽으로 자라오다
천하에 둘이 없는 반쪽을 마침내 찾았는데
정성과 사랑으로 아끼고 보살피며 함께 가는 게
천하를 내려주신 천하에 보답하는 길인 줄 알아
새로운 각오로 새 출발하는 날.

봄맞이 유채꽃

꽃이 사람인가
사람이 꽃이런가
화사한 아름다움
앞다투어 자랑하네
바람 많은 삼다도가
오늘같이 조용한 건
하늘의 도움인가
뜬소문이던가
봄마중하는 성산포
유채꽃밭에.

하늘 외 1편

장│현│기

파아란 하늘 하늘에서는
하얀 구름이 하얗게 하아얗게 흰 구름 꽃
꽃송이 송이 송이….

구름꽃 피워 노닐다가 훨훠얼 훠어얼 노닐다가
둥실둥실 두둥실 떠놀다가
구름꽃 훌쩍 떠나가 버리고 떠나가 버리고

파아란 하늘 가슴 시리게 푸르른 하늘
헤어지는 이별의 서러움으로 가슴 시리게
서러운 마음 시린 가슴 시퍼어렇게 멍들여 놓고

파아란 하늘 시린 하늘만
파랗게 파아랗게 샛파랗게
하늘만 파랗게 남아 있네.

그리워서

머언 산 넘어
파아란 하늘 아래에서 살고 있을
님아, 그리운 내 님아

그리워 그리워 그리워 그리워서
내 마음의 쇠북 울리는 소리 들리거들랑

님아, 그리운 내 님아
네 마음 네 목소리 울려 주렴아
내 그리운 님아.

고혈압 외 1편

전│병│철

그 누구도
소식을 전하러 온 이는 없다
혼자만의 사투다. 삶과의
생소한 걱정은 시간 낭비뿐

110/80 이게 나의 건강치다
고지혈증은 벌써 다녀갔는데 뭔가
내겐 자신감을 안겨주는
그러기에 근심의 그림자도 지웠다

한데 늑골 골절로 입원 시점에서 계속되는
130/110에서 150/120 빠르다
지켜보잔다 처음이기에
수치는 잊고 기다리자 방법이다

어쩌리 서두른다고 바로 나을 건가
여긴 병원이기에 치료 중
아픔이 낳은 결과물 아닌가
설마 그냥 보내려고

삶이란 이렇게 변하는 바람이란 걸.

떠난 후의

잡초가 드러눕는다
미아 아닌 미아로 앉았더니
어느새 피곤한가 목이 마른다
쉰 목소리로 흐느낀다

어렵게 떠나온 시간인데
나누려고 정착한 이곳이
서로 자리 싸움하는 곳인 줄
강자와 약자의 기싸움이다

누가 만들어 준 공간이더냐
재산세 내며 살아도 모자란데
심지어 텃세 부리는 노숙자로
뭐가 그리도 자랑이더냐

바람이 더러워서 침을 뱉는다
조그마한 내 땅에서 무슨 창피가
뭉쳐도 대수롭지 않건만 조국인데
이 무슨 개망신 판국인가

떠나도 후회 없는 시간이 말문을 닫았다.

어부사시사 가는 길 외 1편

전석홍

남녘 하늘 외진 섬 하나
바람 따라 파도 따라 출렁인다
지국총 지국총 어사와*
수림의 바다에 풍류의 돛을 올린다

선비들 글 가락에 흥이 겨워
고이고 흐르면서 어깨춤 출렁출렁
그 연못 세연지洗然池
사연 서린 바윗돌들 돛배로 띄워 두고
뜬구름 실어 쉬엄쉬엄 흘러간다

시간 가랑잎 가라앉은 연못가에
고즈넉한 고풍 정자 한 채
바람서리 무늬를 드리운 채
선비들 향취 넘실넘실

어디서 들려오는가
어부사시사 읊조리는 저 물결 소리는.

※고산 윤선도의 〈어부사시사〉에서 차용

원점에 서서

어느새 출발 지점 다시 돌아왔구나
땅과 하늘길
굽이굽이 서릿바람 이겨내며

마음 호수 잔잔하다
겨루어야 할 일도
안개 속 헤매야 할 일도
의자 다툼마저 이제 없다

파아란 하늘이
마음속 빈자리 가득 메우고 있을 뿐

알지 못한 채 오래 끼고 다녔던
색안경 사라지고
산과 들, 사람, 정치 뜨락도
있는 그대로 보이는구나
스쳐가는 자연 바람만 상쾌하다.

땅의 숨비소리 외 1편

전 순 선

땅이 불끈거린다

겨우내 웃음기라고는 볼 수 없던
굳은 표정으로 일관하던 강퍅한 마음
그 속을 파내어
속물근성을 비워 내려 한다
괭이질로 삽질로 못난 생각들을 파내고 부수며
뼛센 몸뚱이 뒤집어가며 분골쇄신이다

봄 햇살 쏟아지는 날
제 살 속에 예쁜 생명들 가득 품어지기 바라며
땅은 부드러운 흙이 되기 위해
혹독한 밭갈이로 옹이진 흑심을 파내어
아집들을 부수고 옥토로 거듭나려 몸부림이다

뻣뻣하던 온몸에
살며시 햇살이 들어 부드러운 속살을 간질이니
드센 감정들이 풀리는 듯

그제야 참았던 땅의 숨비소리가 들린다.

이젠, 놓으라 하네

수천 번의
바람 앞에 흔들려도
걸러지지 않던
단단하기만 했던 나의 집착들

저기
서녘 능선 붉게
두 눈 속에 차오르더니

한줄기
실바람조차도
덩그렇게 나를 흔들어 대며
손아귀에 움켜쥔 덧없음들

이젠, 놓으라 하네
낙엽 구르는 바람결에 놓으라 하네
훌훌 놓으라 하네.

여명 외 1편

전 현 하

온몸의 기氣를 모아 깃을 쳐 뽑은 목청
어둠을 밀어내고 새날을 여는 소리
동천의 금빛 하늘이
시나브로 밀려온다

어두운 장막은 산 넘어 밀어내고
밤사이 악몽도 새 빛에 묻히리
가슴에 등불 하나쯤
밝혀도 좋은 소리

잘려진 반도는 이제는 이어야지
어두운 밤하늘에 잃은 것도 많지만
여명黎明의 새로운 빛이
북녘 하늘 넘는다.

가을 언덕에서

어젯밤 비바람이
한 계절을 밀어내고

한줄기 바람에도
허전한 마음자락

세월은 막을 길 없이
문지방을 넘었다.

하나씩 떠나가는
외로운 풍경 넘어

해묵은 기억들이
밀려오고 밀려간다.

여지껏
살아온 흔적
가슴만 아린 가을.

산책길에서 외 1편

정 상 열

컴컴한 숲
송아지만 한 백구와 산책 나온 노인
풀숲에 코 박고
발로 글을 쓰는 백구
멱줄을 끌며 가자가자
소리쳐도 못 들은 척 어깃장
무슨 바람 불었는지 앞장서 간다
휴지통 받쳐들고 따라가는 노인
쉼터 벤치
개를 끌어안고 행복한
웃음 짓는 여자
한 발 물러나 생각하면
그래 그럴 수도 있겠구나 하면서
흔들리는 세상.

신주쿠의 밤

불빛에 잠기고 간판에 묻힌 밤
이름처럼 아름다운 도시
거리로 불려 나온 발자국
빼곡한 주점들 개구리 합창
골목은 취해 기울고
길 따라 흐르는 술 냄새
길 건너 서 있는 검은 양복
한눈에 봐도 야생화….
뒤따라오며
술 한 잔
술 한 잔
외치는 그림자
분위기에 끌려다닌 발길
어느새 날아온 새벽.

저문 바람에 고개를 숙이고 외 1편

정│상│원│

흙은 두려움이 없다 흘러간 것이거나 날아온 것이나 자리를 잡아 미동이 없는 것은 녹아든 시간의 태엽에 감긴다 어쩔 수 없는 일이라 바람이 데려다 준 사연을 거부하지 못한다 이것뿐이랴 흘러가고 멈추는 것이 잘게 부서져 지워져 버린 기억을 틀어놓아도 꼭짓점에 다다른 발원은 시작의 출발에 있는 것, 멈춤도 출발이어서 끝의 이어짐을 알 수 없는 오고감의 틀은 비뚤어지지 않았다 순환의 돌림이 돌고 도는 둘레에 이끼는 끼지 않았다 묻히고 돌아오는 점들의 연결에 꿈꾸는 나는 머물고 있다

날개를 접지 못한다

　남은 것은 남는 것을 갉아먹는다 남긴 것의 시작되는 곳에서 피가 흐른다 느리게 디디는 걸음이 빠르게 달릴 때 허무를 느낀다 허공은 말없이 내 곁을 보지 않고 보아도 보이지 않는 창 안에 흔적은 없다 사라지면서 잊어간다는 것이 각지지 않았다 메꾸는 틈, 지워지고 채우는 일상이 그렇다 굴러가는 다람쥐의 헐떡인 숨은 가쁘다

논두렁에 누워 외 1편

정 순 영

도회의 뒷골목 대폿집을 방황하던
그리움이
갈바람 타고 고향에 가서
육자배기 곁들인 막걸리 한 사발에 취해
벼이삭이 황금물결 치는 논두렁에 벌렁 누워
소리하네
옹헤야, 내 것이라
높고 파란 하늘 다 내 것이라
제 맘껏 날아다니는
한恨도 추억도 다 내 것이라
해거름 이불 덮으니 하나 둘 깜박이는 별들
옹헤야
다 내 눈물이라.

투병闘病

내 몸속에서
아내는 앓고 나는 아파하네

안으로만 저려 온 삶의 신음 소리로
아내는 앓고 나는 아파하네

땅에
태어나서부터
몸속에 포도송이로 알알이 맺힌 죄를
아내와 나의 평온한 기도를 들으시는 이가
씻으셨으니

물안개 햇살 같은
소망의 노래가
땅과 하늘을 울리네

바람 앞에 펄럭이는 고난의 촛불
잠깐 맺혔다 스러지는 삶을
아내는 앓고
나는 아파하네

우린 세상에서
인생이란 병을 앓고 있네.

꿈은 이루어진다 외 1편

정영의

태어난 인생
살아가는 인생
병들어 사는 인생
떠나가는 인생
어떠한 마음으로
살아갈까?

그때 그때 환경이
여건 시간이
그 사람을 만든다
그러나 사람은
꿈을 꾸며 산다
잘나도 못나도 꿈은 있다

원하고 바라는
무엇인가 이루고자
묵묵히 살면서
추구하고 원하고
노력하고 기다린다

현실은 어려움에 부딪치나
어떤 꿈이든 간절히 바라면
기필코 이루리라.

사랑합니다, 당신을

당신을 처음 만났던 날
눈이 빛나고 황홀하였죠

그 손 잡아보고 싶었지만
내 마음 두근거리고
얼굴만 빨개졌지요

진정하고 사랑합니다
속삭이고 싶었었지만
입이 벙어리 되어
말문을 열지 못했죠

지금은 몇 번이고
사랑합니다
당신을
하고 말할 수 있지만

왜
이제야 용기가 나는지
사랑합니다
당신을 진정으로
이제 내 마음이 후련하다오.

평행선 외 1편

정 용 식

아무리 고함쳐도
변하지 않는 색깔
멀리서 보면 가을인데
가까이서 보면 겨울
그대로이다

무얼 그리 바쁜지
손을 잡지 아니하는
낮은 숨소리
흩어진 가슴으로
맛보며 멀리서 두 개의
생명이 또 존재한다.

화해

해 지지 않는 산등성이에서
한 사내가 막걸리 술로
조각난 가슴의 응어리를 맞추고 있다

많이 닮은 눈빛으로
원을 그려 보지만
눈발처럼 내려지는
겨울 위에
발자국은 시커멓게
변해 있었다.

1979, 삽교호 외 1편

정 종 규

그날 무희들과 화려한 저녁 만찬 중에
탕 탕 탕
느닷없는 벼락 같은 총소리
그리고 40년 후,
삽교호
아산만 물새 떼도
충청도 방언으로
울어대더만.

풍경을 감다

오십여 년 전 전의
뒤태를 스을쩍 훔쳐보던
사진 속 처녀였을거나
잔설의 깔끄막을
썰물 진 펄밭 배 밀듯
한 땀 한 땀 바늘잡이하듯
잔광에 떠밀려 찔끔찔끔
또 하나의 풍경을 느리게 실타래에 감고 있는 중.

겨울 담쟁이에 관하여 외 1편

정│진│덕

거위털 파카 속에 목 움츠린 채
어둠이 오면
거북등 같은 아늑한 집으로 쏙 들어가 안식하는 사람들
살아가는 세상에서

맨몸으로 얼기설기 얽힌 담쟁이줄기들은 혹독한 추위에
몸을 맡긴 채 서로 끌어안고 지나간 봄 여름 가을
찬란했던 삶들을
길고도 높은 축대에 빠짐없이 써 내려간다
고대 회화문자(그림문자)나 수메르의 설형문자(쐐기문자)
이집트의 상형문자(형상문자)가 아닌 독특한 자기들만의
고유 문자로
그것들은 어찌 보면 추상화를 보는 듯 난해하다
하지만 음미를 거듭할수록 황홀하게 다가오는 의미

무서운 한파 속에 드러난 검은 힘줄과 고사리 닮은 작은
손아귀의 놀라운 힘은
겉으로 보기엔 죽은 듯하나 실상은 살아 있는 강인한
의지다
내심 겨울 담쟁이들의 고고한 자존감이다.

조약돌 · 3

제각각인 생김새, 빛깔, 무늬를 지닌
아기자기한 조약돌
하나하나 확대해 카메라에 담는 순간
―이럴 수가
온몸에 흐르는 전류
사람처럼 표정을 지닌 것이 이렇게도 많다니
어떤 돌은 몸이 구를 정도로 파안대소하고
어떤 돌은 싱글벙글 웃고
어떤 돌은 잔뜩 화가 나 있고
어떤 돌은 뿔난 도깨비 화상을 하고
어떤 돌은 살며시 미소 짓고
어떤 돌은 피죽 한 그릇도 못 먹은 얼굴을 하고
어떤 돌은 원망 섞인 일그러진 표정
어떤 돌은 억울하게 짓눌려 울상이고
어떤 돌은 윤기가 줄줄 흘러 부티가 나고
어떤 돌은 소녀처럼 해맑은 모습
어떤 돌은 눈물 흘리는가 하면
어떤 돌은 행복하고 한없이 평안해 보이는
어쩜 생명 없는 돌 속에 이토록 사람 모습이
그대로 담겨 있다니

사람과 자연은 하나
지구 울타리 안은 모두가 한통속이야.

오는 봄 가는 봄·1 외 1편

정홍성

저기 저 눈웃음 살살 치며
살포시 살포시 다가오는
진달래 개나리 만개한 봄

연분홍 너울을 너울너울
초롱한 눈망울 초롱초롱
이 가슴 한아름 슬렁슬렁

날더러 날더러 어쩌라고
애간장 다 녹아 어쩌라고
자꾸만 자꾸만 다가오네

황금빛 금물결 파도치듯
햇살도 물살도 반짝반짝
봄빛이 눈부신 화창한 봄

애간장 다 녹네 이내 마음
저놈의 눈빛에 애가 타서
하던 일 못하고 바라보네

날더러 이내 맘 어쩌라고
저놈의 눈빛에 홀려 드네
저놈의 눈웃음 애가 타네.

오는 봄 가는 봄 · 2

산새들 멧새들 조잘조잘
시냇물 눈빛은 반짝반짝
버들잎 하나둘 파릇파릇

세월은 흘러서 인생 싣고
인생은 흘러서 사랑 싣고
너도야 나도야 가는 인생

꽃잎은 피었다 시들시들
나뭇잎 피었다 낙엽 되듯
인생이 살면은 몇 해 사나

가는 정 오는 정 정 나누며
누이야 동생아 사랑으로
함박꽃 목단꽃 피는 사랑

강변엔 금모래 반짝반짝
산에는 진달래 방긋방긋
들에는 개나리 웃음 짓네

사랑아 사랑아 나의 사랑
오너라 오너라 너의 사랑
이 사랑 저 사랑 합쳐 보세.

그리운 이름 읊다 보면 외 1편

조덕혜

네가 그리운 만큼
그리운 이름 읊다 보면
꼭,
곁에 있을 듯 없는 네 얼굴
그래서 난 너를
하늘 향해 허우적이며
그리워할 수밖에 없나 보다

너로 가득한 오늘도
창밖의 현란한 가을빛은
예처럼 날 오라오라 부르지만
백치처럼 아무 응답도 못하는 것은
필시,
그리움이란 난치병에
눈도, 귀도
덩달아 어두워지고 있나 보다.

쉼터

이젠, 별의별 것
다 끄집어낼 수도 없이
숨 막히게
담아 놓은 가슴속을
활짝 뒤집어 비워야 하리

묵은 짐, 밖에 내놓고
그에 얽힌 사연도 오랜 정도
마음 사위며 작별한 적 있듯이,
소중히 묻어 둔 옛이야기도 집착도
고스란히 실어 내놔야 하리

가벼워진 속내
해맑게 웃는 어린애 마음으로
어디서든 편안한 쉼터를 짓고
그리고는 거기서
사랑하는 법을 진정 깨달아야 하리.

꽃, 할아버지 외 1편

조병서

새빨간
장미꽃이 활짝 피었습니다
아직은
할아버지 소리 듣고 싶지 않은데
나이 좀 먹었다고
왜 자꾸 할아버지라 하는지
몸은 조금 늙은 것 같지만
마음속은 아직
활짝 핀 새빨간 장미꽃이랍니다
때론 몸이 마음 같진 않지만
할아버지 소리 듣기는
정말 싫습니다
예쁜 장미꽃 냄새만 맡아도
아직 내 가슴속엔
활짝 핀 새빨간 장미꽃마냥
아름답습니다 이제부턴
꽃, 할아버지
꽃, 할머니라 불러 주세요.

고춧가루

뜨거운 태양 펄펄 끓는 가마솥 더위
심한 가뭄에 삼복더위까지
떡 버티고 물러갈 줄 모르는데
돌모루 노인네들 더위에 지쳐
물맛 본 지 오래되어 시들시들해진
빨개진 고추 그 고추밭에 철퍼덕
주저앉아 그나마 때 놓칠세라
땀범벅 고추범벅 한바탕 씨름하고
냉수 한 대접 꿀꺽꿀꺽
평생을 농사일밖에 모르고 그래도
자식은 여럿 두어 먹이고 가르치고
시집장가 보내 도회지로 내보내고
이 두 손만 가면 농사일은 척척인데
덥다고 미루고 힘들다고
호미 내팽개칠 수도 없고 아무리 이골 난
농사꾼이라도 더위와 싸우느라 힘들지만
뜨거운 땡볕 아래 끝을 봐야
직성 풀리는 농사꾼
눈 침침한 늙은 농사꾼 굶어 죽을까 봐
때가 되면 빨개지는 고추 그래서
고춧가루가 매운가 보네.

뤼순 감옥에서의 갈망渴望 외 1편

조 | 성 | 학

시월 하순의 하얼빈역
낯선 이국땅
초겨울의
이토 히로부미와 맞선 당신의 기개
님이여,
어디 계신가요?
당신의 백골은

동양 평화를 외치며
포효咆哮하는 파도인 양
피 끓는 젊음을
뤼순 감옥 독방에서
조국만 생각했던 님이여!
부릅뜬 눈으로
이제야 저희가 왔습니다

당신의 영혼은
오늘
내 가슴을 치는데,
당신의 백골은
지금 어디에 있나요?
님이여, 당신에겐
우리가 있습니다.

아, 천지여

장백산 위용을 한몸에 안고
수백 길 아래로 펼쳐진
하늘과 맞닿은 땅
아,
천지여!
하늘인가 땅인가?
두 팔 벌려 반기며
호수를 향해
늙은 휘파람을 불어 보아도
하늘과 땅이 맞닿는
소리
천지는 그저,
푸르른 웃음만
기적汽笛처럼 내뱉는다
가슴이 미어지는 장관壯觀이여!
기약하라, 내일을
여기는 중국땅.

선경仙境·1 외 1편

조 연 탁

자리들 정갈하여 뵈는 것 아름답고
들린 소리 청아하며 생각마다 고고하면
하수분河水盆
따로 있는가
다 베푸는
신선아.

※하수분: 재물이 자꾸 생겨서 줄지 않는다는 항아리

선경仙境 · 2

주변의 모든 것들 있는 대로 무던하고
위하고 받들면서 마음 편케 하는 이들
어울려 사는 곳마다
선경仙境이야
선인仙人아.

고구려 하늘 외 1편

조 재 화

늘 다니는 길옆
화랑 관람전에는
동양화 서양화 아동화 조각보전
다양한 이상의 빛이
가슴을 헤집네

더러는 뜻있는 인상으로
환하게 스며들고
수채화 추상화 길 잃은 방황 속
더듬다 돌아 나오면
아! 찾았네 싶었다

평온한 마음 열어 감상한
고구려 성안풍물
우리의 삶이 유현한 빛인데
화가는
고구려 하늘을 삼족오로 날았네.

다듬이

몇 밤을
두드려
결결이 매만진
임의 속살

생애 한 조각
푸르러 푸르러지이다
하늘 가리는 비단결로

얼마를
더 두드려야
이생이
만질만질
부드러워지리아.

대포항 단상 외 1편

조정일

부챗살로 빙 돌아가는 도로 끝에
항구가 보인다

확 퍼진 동해는 간 데 없고
아늑히 싸인 바다는
육지의 불빛 받아 아롱거린다

거리의 악사는 어선들을 배경 삼아
가녀린 사랑들을 노래하고
간간이 모자 넣어지는 지폐는
들뜬 사랑만큼이나 간절하다

길게 늘어진 횟집들은
발길로 덮여 가고
불빛보다 더 진한 와작거림은
밤을 색칠하고 있다

술잔의 속사연들은 식을 줄 모르고
흥을 가져 나른 주인의 발걸음이
퍼덕거리는 가슴을 죄는 줄 모른다

졸지 못한 가로등은 시간을 조이는데
노랫소리에 걸린 외로움이 해롱거린다.

연못의 물은 점점 줄어드는데

고개 숙이고 머리와 가슴 떼어 내어 바치고
어쩌다 눈길 마주치면 꼬리 친다
여차하면 드러누워 배를 보이며 두 발을 오므린다
헬렐레한 눈길 주며 스스로 행복을 느낀다

손금 없는 사람일수록 위에 달린 문을 잘 연다
문이 또 가로막을 때마다
기를 쓰며 천정 향해 발버둥친다
점잖은 척 미소를 짓고 아래를 본다
발밑에서 기어오르려는 조무래기들을 보고
비양거리며 언제나 간격을 멀리 둔다

머리와 가슴 없는 해파리는 그냥 물결 흐르는 대로 갈 뿐
촉수에 각인된 명세를 쏘아대며 파도를 탄다
흐름이 빠르고 날 세운 칼날이 어지럽게 춤춘다
여울이 치면 절벽이 있는 게 아닐까
불안감은 현실이 되지만
목마는 오직 한곳만 바라본다

겨드랑이에 지느러미가 생겨나고
꼬리지느러미가 생길 때쯤
피라미는 떼 지어 갈겨니 따르고
붉은 혼인색 띠면 온통 정신줄 놓고 추격한다.

젊음은 아름다워라 외 1편

조혜식

고정관념의 틀을 벗는 선구자
편견의 고집을 없애는 사람
21세기의 신대륙 위를
마음껏 뛸 수 있는 사람
창조적인 아이디어를
발견할 수 있는 힘을 가진
깨어 있는 젊은 인재이기에
젊음은 꽃보다 더 아름다워라

용광로 같은 가슴 지닌 따뜻한 사람
송곳 같은 판단력을 소유한 냉철한 머리
미래의 신세계를 책임질 수 있는
믿음과 신뢰의 젊은이들
전진하는 역군으로
국가 경제를 되살릴 수 있는 사람
나라를 진심으로 사랑하는 이들
젊음은 금은보배보다 귀하여라.

거실의 벤저민

도시 속
바쁜 생활하는 집안에
녹색 식물의 싱싱한 풀내음,
가슴에 포근한 정서를 주는
우리집 거실의 벤저민
가습기 대용으로도 좋고
산소 공장 역할도 하며
식구들 대화의 자리인 거실에서
느긋한 마음을 갖게 해준다

온 가족이
명절 때나 집안 대소사 때
함께 시간을 보내는 장소
오랜 세월 부모님 모시고
옛 가구가 많은 거실
창가에 잘 자란 벤저민
공기 정화에 효과를 주고
식구들의 휴식 공간인 거실에서
아름다운 마음과 편안을 준다.

골 깊은 미련 외 1편

진 진 욱

네가 내민 손 냅다 뿌리친 후
가슴앓이 수십 년
우리의 인연이 이다지 혹독할 줄
이럴 줄 알았다면
내가 먼저 손을 내밀 걸

죗값 치고는 무거운 고통
다시 한 번 손을 내밀 수 없겠니
이 난치병엔 네 손이 약손임에
너는 너대로 불치병에 걸려
잠 못 이루고 있는 줄 모를 리가

지난 세월 동안 부르고 부르다가
목이 타버린 나
열차를 타고 돌아봐도
연락선을 타고 항구마다 뒤져도
그림자조차 발견할 수 없는 너

점점 쇠퇴해가는 기억과 기력
더는 움직일 수 없어
밤낮 마음만 들썩들썩
다음 세상에는 무슨 수를 써서도
너를 찾아 이승 끝까지 사랑하리.

꽃의 향기

당신은 언제 봐도 꽃입니다
마음에서 새어 나오는 향기에
무색해진 온갖 꽃들이
제 향기를 지웁니다

세상에 꽃이 하나 둘뿐입니까
그 많은 꽃 중에
당신은 나를 사로잡는
이름 모를 꽃이지요

여태껏 많은 꽃들을 꺾었지만
당신만은 꺾지 않으렵니다
한번 꺾이고 나면
향기가 서서히 풀어지니까요

마주앉아 차 한 잔 마신 적
없지만
꼭 오래전부터 사귀온 느낌
착각이 나를 행복하게 합니다

사랑한다는 고백을 안 해도
눈길 서로 마주치지 않아도
나는 당신의 자태에 이끌려
볼 때마다 행복에 젖습니다.

아리랑 · 1 외 1편

차경섭

1.
태초의 조화련만 굽이굽이 신비로워
만고에 없는 명산 금강산이 이 아니랴
여지껏 풀리지 않는 실타래는 천길 같고

2.
세상사 인생사는 변하여서 밀려가니
마음을 다스리는 정신문화 절실건만
한사코 헤일 수 없는 번뇌망상 앞서는지

3.
깨지고 부서지는 인생살이 어지러워
버려진 땅덩이엔 가시덤불 무성건만
지금도 역경을 이긴 인간 승리 분명 있고

4.
인생은 너나없이 사랑하고 춤췄기에
아픔도 그리움도 잊어야 할 황혼인가
여름밤 이슬 내리니 풀벌레는 슬피 울어라

5.
시대는 아비규환 생지옥을 방불하니
여지껏 형체 없는 바람 소리 두렵더라
죽창 든 녹두장군은 구중궁궐 잠깨웠기에.

아리랑 · 2

1.
사무친 한생애를 말해 무엇 하리오만
나날이 멀어져 간 꿈과 희망 아쉽기에
해 짧은 가을 길목에 회상해본 추억인가

2.
관음송 원망한들 그 무엇을 얻으료만
서라벌 연꽃 지니 선덕여왕 슬피 울어
화랑도 어린 관창은 임전무퇴 하였는지

3.
산바람 강바람에 풀과 나무 춤춘다만
강원도 너와집도 없는 세상 각박하고
불같은 여인 정엽에 쩔쩔매는 남골이여

4.
풀잎은 절여지고 오동잎도 지건만은
선명한 은하별은 노도하는 파도 같고
놀빛에 취한 나그네 그리움만 더하여라

5.
올해도 진달래는 저리 곱게 피건만은
인생길 굽이굽이 노랫가락 구절 같고
꽃상여 타고 간 맹인 말없으니 야속하여라.

겨울 나그네 외 1편

채 동 규

몰아치는 찬 바람은
겨울 가지를 흔들고

먼 길 온 나그네는
두 손을 마주 잡고

석양에 지는 노을을
하염없이 바라본다.

눈 내리는 날

아파트 12층 우리집에서
거실의 커튼을 여니
창밖에 함박눈이 내리고 있다

길 건너편에 자리한
성당의 지붕에 소록소록
흰 눈이 내려 쌓이고 있다

깨끗하고 하얗게 변화해 가는
종탑을 바라보는 내 마음에도
성령의 흰 눈이 내리고 있다.

불효 외 1편

채명호

아버지 하늘이고
어머니 바다였다

높은 뜻
깊은 속을
어이해 알았겠나

가신 후
눈물을 모아
불효라는 답을 쓴다.

포도 서리

노부부 피땀 흘린
하우스 포도 농사

아이들
장난처럼
간밤에 지나갔다

비닐창
그렇게 찢나
너희 부모 가슴이다.

저녁 바다 외 1편

채 수 황

어두움은
하루 내내 풀어놓은
남빛 수평선을
그물처럼 거두어 간다

어두움은
그렇게도 팔딱이던
실성한 성깔을
쪽빛 이불로 덮치다가

끝내
성난 파도의 죽지를
우두둑 꺾어서 머얼리 던진다

바다보다 넓기만 한 흑사장은
비릿한 비늘을 벗기며
저녁 바다를
파다닥파다닥
손 안에 쥐어 본다.

간이역

경부선 철길 옆에는
고향의 간이역이
할머니 주머니처럼 붙어 있다

낯익은 사람 오가는
끈끈한 역이건만
모두가 무심하게 지나간다

이곳에는 조상의 숨결이
담겨 있고
애환도 서려 있는데
급행열차는 스쳐만 가는구나

코스모스 글썽거리는
간이역아
손수건을 적시더라도
고향을 지켜다오.

가을 모습 외 1편

최 | 경 | 숙

고추잠자리 햇살 쬐고
앞마당 빨간 감 풍악을 울리고
코스모스가 인사하는 계절

웃는 하늘
말라가는 들꽃 죄다 받아들이고
단풍 든 마른 잎도 제멋대로 노는 계절

넉살 좋은 바람
밀레할머니 미소도 흩날리게 하고
그 길의 냇가 풀잎만 짙어

오! 볼 수 있음에 그대의 참모습
만질 수 있고
느낄 수 있기에 나 여기서 오늘도 노래 부른다

가만히 있어도 배부른 계절
너무도
모색으로 깊어 가는 가을 모습.

여왕벌

산국화 노랗게 물들고
가을 하늘 전신을 다 담아
높이도 올라갔다

여왕벌 요조하던 빛깔로
설레이는 몸짓으로
노란 치마 펼쳐 휘몰아치니

사랑의 메시지 전하는
꿀벌의 잉잉거리는 소리
송두리째 거두어 바친다

결실을 위한 사랑의 유희
몽환적인 아름다운 조화
격렬하게 요동을 쳤다

뜨거운 사랑의 결실
로열 젤리 보금자리 만들어
생의 감각 흔들어 준다.

가시가 된 그림자 외 1편

최광호

밤하늘 별 같은 당신
꽃보다 아름다운 그리움
당신 그 이름
내 가슴에 가시가 된 그림자

강물이 흘러가도
가슴 깊게 움트는 그리움에 바윗돌 눌러도
이제는 진주처럼 아름답게 빛나고 있는데

밤 깊도록 눈을 감고 생각하면
지난날 모닥불처럼 타오르는 연정
흐르는 강물을 바라보며
이제는 진줏빛으로 간직하리라

언제나 사랑은 고독한 그림자
언제나 아름다운 별빛

안개 속을 걸어가는 것이다
사랑은.

그리움

인생은 늙어 가도
사랑은
가슴에 파도가 되어 출렁인다

사랑은
인간의 마지막 재산

사랑은
칠흑의 밤하늘 하늘 별빛.

가을강 외 1편

최영순

바늘 끝 삭풍 한자락 불어와
강변 쑥대머리 마르고
갈꽃 하늘에 흩어져
무심천변 허망이 날고 있었다

한때 핏기 돌아
때깔 시새움하던
그 눈부신 들꽃의 손짓도
노을 비낀 가을강으로 저문다

이제 기쁨도 서러움도
여울 속 은빛 추억으로 흐르고
세월을 조잘대던 물새 떼도
발 시린 계절의 하늘로 끼득거린다

산 것들의 그림자 떠난
저기 천진한 물가, 어쩌다
짝 잃은 외로운 학 한 마리
물빛마저 학으로 흐르는
탈속한 가을강을
나 이제사 보겠네.

낙엽

잎새들을 물들이는 계절의 절정이
쇠잔한 핏빛 울음으로 지면
우리 그토록 사랑했던 무상의 시간도
한 잎씩 폐허처럼 지리

눈부시게 빛나던 생명의 절정이
서릿발 폐원에 서글피 묻히면
우리 그토록 그리웠던 목숨 날갯짓도
한순간 철새의 울음 속에 자지러지리

보아라!
저 무변한 하늘에
해와 달, 별 외에는
그 영원한 존재의 빛은 아직 보이지 않느니
순간의 불빛과 어둠으로 모인, 여기
웃다가 울다가 사라지다가….

하늘 가득 경건을 다스리던 마지막 절정이
이제사 허망의 가슴으로 물들면
돌아오지 않는 시간의 저편
노을빛 작은 배로 흩어져 지리.

단풍

최완욱

오르가슴에
떠나야 하는
너와 나의
슬픈 언약.

가을의 명상 외 1편

최 유 진

가을은 안다
무더운 여름이 고개를 내밀며
희망의 삶을 가꾸고
그리움을 키워낸 잎새의
노래인 것을

가을은 안다
속살 드러난 수묵화처럼
추억이 흐느끼는 건
회유懷柔의 먼 이랑마다
발그레한 애소哀訴로
남을 것을

가을은 안다
오방색이 아름다운 건
한 잎, 두 잎, 떨어져
마음에 새긴 미련과 애착
끝내는 나 홀로 웃는
가을색처럼 변해가는 것을.

화지 위에

감성感性의 물결이 일렁인다
작은 흔들림 붓끝을 따라 이어진다
점, 선, 그리고 물감의 번짐이
산을 이루고 강을 이루고
투명의 한 세계를 일으켜 세운다
꽃 피는 봄 언덕 아지랑이 속으로
나비 한 마리 날아간다
산새들 노래도 그 속으로 젖어드는데
후기 인상파의 햇살이
이 모두를 포용하는 나의 하루
나의 하루는 노을 속에서
더욱 곱다.

다선불이 茶禪不二 외 1편

최 정 수

차의 정화된 의미 속에
마음을 둔다면
차를 우리는 그 자체가
바로 성찰이다

밝은 다심茶心으로
차의 성정 받아들인다면
그것이 곧 수행이다.

내면을 닫고 허세만 부리는
다사茶事라면
속진 세상 음료일 뿐인 것을

선과 차는
사철 푸른 연리근連理根으로 만나
답답한 삶을
한 올 한 올 풀어내고 있다.

차[茶]

차[茶]의 눈과 마주친다
차는 내게 자연 그대로 보라 하고
내면에도 깊이 젖어 보라 한다

차인의 정신적 고향은 차문화이듯
차문화가 없는 차인은 죽은 차인이다
차 세상에도 죽은 차가 있고
살아 향기로운 차가 있다

차정신이 건강한
너로 인해 숨을 쉬면
심연에서 솟아나는 찻물
이 땅에 차생명으로 영근다.

사랑 외 1편

博川 최 정 순

꽃 시들었다고 함부로 말하지 마라
몸은 죽어 가도 향기는 남는 것
눈 감을 때까지 온전한 생명체인 것을.

이별

구름 벗고
살그머니 다가와
향기로운 입맞춤 남긴 당신

먹구름 쌓여
얼굴 감추더니
뇌우雷雨 깊은 상처 주고

구멍난
내 가슴 깊이
대못 하나 쾅, 박고 떠나가네.

다만 그곳을 바라볼 뿐 외 1편

최 진 만

1.
병신년丙申年 섣달그믐
한 해를 종무하는 열일곱 시 삼십 분
서쪽 하늘 능선에 걸린 석양夕陽,
최순실 국정농단 칼날에 베이고 잘린 해가
난파선처럼 표류하다 급기야 붉은 피를 토한다
작년 이맘때
빌었던 소망 광화문 촛불로 붉고
정유년丁酉年 첫 시,
보신각 타종은 에밀레종 소리를 닮는다.

2.
새벽 그 암흑 속
태양이 우리들 심장에 있는 한
길 잃은 양들은 시린 어깨를 부딪치며
신앙처럼 해돋이에 몰려들었다
머—언 수평선 넘어 신성神聖이 사는 곳
원하는 게 뭐냐고 묻는 듯이!
점점 차오르는 정유년丁酉年 첫 햇덩이를 본다
아, 광채의 수탉 울음 천지에 퍼지고
아이들 손뼉 소리와 합장한 손가락 사이로
감탄사가 터질 때마다
새해 희망과 꿈들이 날개를 편다.

3.
무겁게 정유년丁酉年정월 대보름달이 뜬다
두 손 모은 꿈 잃은 속울음들
소망을 기원하던 할머니 빈손이 떨리고,
뿌옇게 내뿜는 매운 숨결 오늘만큼은 겸허하다
온 가족 건강과 소원을 비는 아낙
달을 보며 춤추고 노래하던 샤머니즘 소시민
암울한 또 한 해의 미래를 기도하며
달과 해 같은 국운國運을 빈다.

가을 소묘

가을 들판을 누렇게 다듬질해 놓고
반환점을 돈 계절, 나는 우두커니
서산을 넘은 석양을 바라볼 때가 있었다

노을빛 물든 한길 따라
허투루 불던 바람마저
한 절기 쉼표를 찍고,
그늘을 접어 내린 서 낙동강 수변
단풍 소식 따라 군무의 철새
잿빛 하늘 멍하니 바라볼 때가 있었다

헤드라인 비추던 이 거리
바깥소식 전하고 떠나던 뒷모습같이
낙엽은 뒹굴고,
까만 어둠 태우던 수은등같이
홀로된 잎을 흔들 때가 있었다.

12월 외 1편

최홍규

벌써 12월 또 송구영신送舊迎新 근하신년謹賀新年이구나
연초에 계획한 일들을 반 이상 실행한 사람들이
20%쯤 된다는 잘 쓴 논문이 있어 위안을 받는다
13월이 있으면 좋겠다고 하지만 마찬가지다
세계인권선언일이 있어 인권의 중요성을 일깨우고
노벨상 수상식이 있어 수상을 축하하며 부러워하고
성탄절 미사에서 예수 탄생을 기리며 성가 부르고 기도한다
동짓날 우리집에서는 머슴들이 나가고 들어오곤 했다
아침에는 맛있는 팥죽을 먹고 낮에는 그들을 위해
진수성찬 풍성한 밥상을 차려서 보내고 맞이했다

그리고 12월은 무엇보다도 내 생일달이다
어머니는 아이들 생일을 늘 잘 차려주셨다
수수팥떡 밤 대추 넣은 시루떡 수정과 약과 등
아버지는 성탄과 내 생일을 축하한다면서
정원에 있는 5m쯤 되는 사철나무를
크리스마스 트리로 장식하셨다
이웃에 있는 교회의 트리보다 더 높고 더 화려했다
부모 형제들이 함께 행복하게 살던 옛날이 그립고 그립다

전국 수백 곳에서 구세군 자선냄비 종이 울린다
부유한 이나 가난한 이나 냄비에 돈을 넣는다
나는 지금까지는 만 원짜리 한 장을 넣었지만

금년부터는 두 장씩 넣기가 새해 계획에 들어 있다
수백만 원씩 헌금하는 사람들도 있다고 한다
그런 분들은 남을 배려하는 매우 착한 분들이다
남을 도우라는 예수와 석가모니의 말씀을 되새기자
12월은 날씨는 추워도 사람의 마음은 따뜻한 달이다

대설 무렵에는 눈이 많이 내려서
즐겁게 눈을 맞으며 눈사람을 만들고 눈썰매도 탔다
눈이 내리면 멀리 두고 온 고향이 생각난다
지난날의 기쁜 일들은 유수 같은 세월 속에서 흘러가고
이제 12월이 되니 회상과 아쉬움 속에서 어쩐지 슬프다
프랑스 모더니즘 시인 아폴리네르의 시
'흰 눈(La Blanche Neige)'의 한 구절을 다시 읊어 본다
"하늘에는 천사와 또 다른 천사가 있다
아 눈이 내린다 눈아 내려라
사랑하는 사람은 어찌하여
내 품 안에서 멀리 떠나가 버렸나."

3월에 쓴 시

춘삼월春三月은 꽃 피고 새 우는 봄의 시작
경칩驚蟄에 삼라만상이 깨어나고
춘분부터 낮이 밤보다 길어져 만물이 잘 자란다
3월에 들리는 100년 전 유관순의 대한독립만세 소리
3월에는 김소월의 "산유화, 산에는 꽃이 피네
피는 꽃은 저만치 혼자서 피어 있네"
3월에는 김영랑의 "내 마음 고요히 고운 봄길 위에
새악시 볼에 떠오는 부끄럼 같이
시의 가슴을 살포시 젖는 물결같이"

3월에 초중고 새 학년에 새 선생님 새 친구들
함께 뛰놀며 공부하던 행복했던 유년 시절
대학에서는 전국 각지에서 모여온 남녀 학생들
그들을 가르치며 가슴 설레던 시절은 지나가고
불그스레한 저녁노을 바라보니 쓸쓸하다

커튼을 닫고 책꽂이에서 시집 여러 권을 빼내어
'봄'을 주제로 한 시들을 큰 소리로 낭송했다
한국시 4편 미국 영국 프랑스 독일시 각각 2편을
읽고서 봄을 나타내는 키워드 12개를 골랐다
3월에 태어남, 자람, 미래, 희망, 봄처녀, 새싹, 꽃봉오리
연초록, 새소리, 봄의 왈츠, 기쁨, 행복

3월에는 어린 시절에 즐겨 부르던 노래가 생각난다
"봄바람은 살랑살랑 장난꾼이요
누나와 둘이서 양지쪽에서 술래잡기하면서
놀 때에 사뿐사뿐 뺨을 스쳐 지나갑니다."

시 읽고 짓고 노래해도 고독은 풀리지 않는다
봄이 무르익는 3월 말에는 여행을 해야 하겠다
말로만 듣던 경상북도 고령군 옛 가야의 땅에 가서
신선하고 맛 좋은 연근, 버섯탕을 먹고서 힘을 돋구어
가야 왕국의 숨겨진 역사를 찾아보며
가야 땅 평야와 언덕을 휘젓고 누비며
큰 소리로 외쳐서 메아리치게 하리라
"나 최홍규 시인 여기 왔노라, 찬란한 대가야여!"

내가 사랑한 겨울 외 1편

편|문|

밤이 길어
겨울을 사랑했지요

소리 없이 내리는 눈
초가지붕을 하얀 순백으로 만들고

그 사이 둥지를 틀어 잠든 참새의 모습
그래서 겨울은 추움 속에 깊이 스민 포근함이지요

동네 형 따라 무릎까지 찬 눈밭을 헤매며
잡지도 못하는 토끼를 따라 뛰던 날들이 어제였는데

들판이 아닌 내 머리에 허옇게 눈이 내리고
내가 남긴 흔적들이 겨울바람에 눈가 이슬 맺힙니다

행복한 겨울 보내세요.

딸의 결혼

참으로 오랜만에
딸아이 손을 잡고
연단을 향해 걸어간다
희고 가녀린 손

햇수를 헤아려 보니
초등학교 졸업 후
손잡고 걸어본 기억이 없다
거의 20년이나 된 것 같다

근사한 청년이 기다리는 연단을 향해
실로 오랜만에 딸아이의 손을 잡고 간다
이젠 아비의 그늘에서
새로운 삶으로 가는 길이다

나는 무엇을 했는가
딸에게 이렇다 할 것이 없네
사랑한다는 흔한 말로
대신하고는 싶지는 않다

딸아이를 보내고
빈집을 향해 가는 모습이 흔들리고 있다
남몰래 뒤돌아 한 컵을 마신 술기가

이제서야 오르는가 보다

오랜 세월 시부모 병간호에 시달리다
집 나간 아내가 눈물을 흘린다
"당신 눈물 안 나"
글쎄, 이별은 늘 있었는데….

삶이란 긴 고난의 미로란 생각을 한다
등 뒤로 쓰러지는 석양이 우울하다
냉장고에 어제 먹다남은 소주병이
주인을 기다리고 있겠지

잘 살겠지
잘 살겠지….

마음을 다듬으며 외 1편

표 애 자

손톱을 깎으며
마음속에 버려야 할 본성을 깎아 낸다
잘라내고 버린다고 타고난 것이 변할 수 있을까
욕심이란 놈이 마음에 성벽을 쌓고
가시로 울을 쳐 놓았다
내재된 이중성은 악과 선이 공존하면서
흰 깃발과 검은 깃발을 펄럭인다
갈등 속에 번민의 늪을 빠져나오지 못한 채….
때로는 거짓 속에 잠식된 자아를 발견하고
통한의 눈시울을 적시기도 한다
착한 사람 악한 사람이 따로 있는 것은 아니다
손톱이 금방 자라듯이
욕망의 가시들이 계속 돋아난다 해도
나는 내 영혼이 투명해질 때까지
깎아내고 잘라내며 살아가리라
그렇게 살아가고 싶다
깨끗한 마음으로….

고독한 영혼

예쁜 모습으로 반겨주던
고운 단풍잎들은 다 떨어져 버리고
썰렁한 보도블록 위엔 찬바람이
낙엽과 함께 뒹굴고 있다
곁에 있어 준 사람들에게
고맙다는 말 한마디 못하고
투정 부리고 짜증내고 불평하며
속마음을 감추고 살아가면서
그렇게 살아도 되는 줄 알았다
미워할 수 없는 사람들이
살아 있음에 고마워지는 것은
떠나간 후에 후회로 남을
아픈 삶을 견디기 위함인가
아직도 미워하지 않는다
말 못하는 나의 아집 속에
먼 후일 가슴 시리게
살갗 속으로 파고드는
시린 영혼의 고독이여….

내가 사온 수석 외 1편

하 두 호

　내 비록 너만 좋다면야
　어디 빙의의 담금질인들 마다하랴
　풍우대천에도 떠내리지 않을 그 언제부턴가
　나의 그 삼지창 짚은 왕생의 현현,
　세월 좀 먹는 그 어느 대결보다 과감한 촉수 보면
　생성윤회에도 초연한 그 뇌락 또한 오척 단구 오인의 선수를 앞지르니
　알지 못쾌라 광음도 그를 쫓는 뒷북
　아무리 알량한 아비규환이기로서니 이 몸 어깨 붙박인 북두北斗성,
　이웃한 뭇별과 그 자리 혼효할쏜
　상구도 역력히 그 앞산 비알 해 비끼던 그 시각 앙천의 고고성
　내 오장육부 휘감아 오른 만강의 목청
　돌산 비알에 돌 구르는 소리마냥 용솟음쳤네.

웅비
―풍경D

언제부턴가, 은행잎이
계단을 내리고 있다. 지하로 향하는,
…아직 폐쇄된 문과 길가에 머문 바람
본시 부도浮圖 되길 피해온 이 길은
상생의 피가 솟는 종국의 길이었다

유구로 향하는 바닷가들은
아직도 군청빛 칼자국이 선명하고
바다의 수평에 목메인 갈매기

찰나의 눈맞음에도
천정의 두 날개는 기울지 않고

하늘에서 떨어져 올 면발 같은 체모와
행여나 무중력을 타고넘을
돌쩌귀 소리,
홍살문 열고 있는
저 아래.

봄을 기다리며 외 1편

하 성 용

붉게 물들이다 터져 버린
아침 햇살을 맞으며
새해 소망을 다지는 고함 소리는
아득한 지평선 너머
환상의 나라에 전해지고

훈풍에 실린 봄 내음이
내 곁으로 다가오니
동장군도 봄을 시샘하여
살을 에는 듯한 추위를 몰고

하늘가에 매달린
매화 꽃봉오리 둥실둥실
양지쪽에 널어놓고
탁세※에 남은 미련
하나씩 하나씩 지우고 있다.

※탁세: 도덕이나 풍속 따위가 어지럽고 더러운 세상.

강배 체험관

안개비 내리는 목계나루
강배는 간데없고
황량한 찬바람이
강을 저어 가고

내려앉은 시간의 무게에
강설*을 헤치고
찾아드는 객은
강 언저리에 맴도니

한아한* 강배 체험관
한숨에 흐트러져
비어 버린 공간을
나그네가 자리를 채운다.

※강설: 세차게 몰아치는 눈보라
※한아한: 한가롭고 아담하다

새노야 외 1편

한 빈

기다림,
꿈속에 그리던
인간의 정※
사면초가
님을 맞이하기 위해
백합 속에 숨어
보일 듯 말 듯
님 마중 꽃단장
네잎클로버
손에 손에 손깍지 끼고
청실홍실※.

※인간의 정: 눈물
※청실홍실: 인연因緣

회상

노년의 두 여인
주름진 얼굴

쉼 없는 움직임
손의 굳은 뼈마디

세월의 흔적
세월의 발설

삶의 굵기
쉼 없는 움직임

노동력 잉여가치

하얀 이
미소는 긍정적 삶

이는 생을 고스란히 발설.

낙엽 외 1편

한 정 숙

가을이면
낙엽이고 싶다

한치 더 자란 가지에서
푸르른 녹음 되었던
한 해의 보람을 다하고

눈물 같은 가을비가 지나가고 나면
잎새는 붉어지고
떠날 기약은
가까워 온다

물든 새 옷일랑
수의로 입고
이승보다 더 좋은 데로
옮겨가리라

바람이 부는 대로
계절의 섭리대로
짐 벗어 가벼운 길을
훠어이 훠어이 떠나는
한 잎 낙엽이고 싶다.

일몰

해가 진다
다시 맞이할 수 없는
아까운 하루가
속절없이 무너진다

해처럼 밝게
살았어야 했는데
빛나게 해 놓은 일 한점 없이
일상에 찌든 부끄러운 모습

내일은 언제나 밤 저편에 있고
오늘은 나의 날로 다가왔음에도
의미 없이 떠나 보내는
딱한 그림자 하나.

본다이 아침 해변 외 1편

허 만 길

시드니의 아름다움은
아침 해 속에 살아나는
본다이 해변의 파란 숨결 같은 것

시드니의 아름다움은
겨울 아침의 차가움도 사랑하는
본다이 해변의 젊은 영혼 같은 것

시드니의 아름다움은
아기와 강아지를 한 포대기에 감싸 거니는
본다이 아침 해변의 손 곱은 여인의 따스한 가슴 같은 것

시드니의 아름다움은
밤을 지새는 갈매기도 꿈이 적은 늙은 부부도
날마다 새로움을 기약하는
본다이 아침 해변의 탄생의 신화 같은 것

시드니의 아름다움에는
본다이 아침 해변이 날마다 꽃피고
본다이 아침 해변에는
시드니의 아름다움이 날마다 꽃핀다.

천사를 지켜보며

하늘문을 열고 한 천사가
이 세상에 내렸습니다
천사는 이 세상 공기를 삼키면서부터 그만
이 세상에 왜 왔는지 어디서 왔는지
희미한 기억이 되었습니다

나는 우연한 자리에서
고단하면서도 맑고 고운 삶의
천사를 알아보았습니다
하늘나라에서 나를 지켜보면서
이 세상에서도 나를 지켜보고 싶다던 천사였습니다

천사는 나에게 자주 눈길을 주며 얼굴을 붉혔으나
나를 완전히 알지는 못했습니다
누군가를 애타게 그리며
아름답고 지조 있는 별처럼 살고 있는 천사였습니다
나는 천사의 삶을 그냥 지켜봅니다

누군가를 지켜보며 응원하는 마음
무엇을 애타게 그리며 맑고 곱게 사는 마음
아는 사람은 알아도 모르는 사람은 모릅니다.

인생 이모작 외 1편

홍계숙

육십 년 긴 세월
그대와 땀 흘리며
인생의 밭을 경작
소출을 거두었습니다

풍성히 거두어
콧노래 불러도
가슴속 부는 허무의 바람
견딜 수 없어 마른 풀씨 씹습니다

인생밭 기경할 수 있는
마지막 기회
창조주로부터 환수당하기 전
씨앗을 뿌립니다

감성으로 심어
진리로 꽃피우는
아름다운 결실 위해
오늘도 시심 밭에 물을 줍니다.

소유욕

어리석음 잉태한 채
비바람 뜬구름 좇던
헛된 욕망 버렸습니다

가슴속 깊은 곳
보름달 같은
시 한 편 끌어안고

이 세상
부러울 것 없는 여인 되어
행복 꿈꿉니다.

가을비 외 1편

황조한

바람은 비를 몰고
거리를
나무를
하늘을
보이는 모든 것을 씻기고
분분한 여름이여….
이제는 안녕

도롯가에
빗물로 방울방울 올라와
춤을 추었다

잎사귀
파르릇 벤치에 내리어
기별을 알리고
가을이
하나하나 스며들었다.

기별

눈발이
허허로운 날
양지쪽 창가
참새 한 마리
사색 중이다
깃털 젖은 줄도 모르듯
기다림에 젖은 그리움

녹은 눈은 흙을 적시고
사랑은
가슴에 스며
기별奇別의 기미를 듣는다
창가
참새처럼
날개를 접고.

한국시인연대상 운영에 관한 세칙

1. 시상 일시
   본상은 매년 1회 5월에 시상하는 것을 원칙으로 한다.

2. 심사위원
   ① 본상의 심사위원은 6인 이내로 구성한다.
   ② 당해년도의 본 협회 회장단 및 사무국장은 심사위원이 될 수 없다.
   ③ 심사위원은 회장단과 사무국장의 협의를 거쳐 회장이 위촉하며 수상자 결정까지 그 명단을 공개하지 않는다.

3. 수상 후보자
   ① 수상 후보자는 문단 등단 10년 이상인 분으로서 심사 대상 기간 중 창작 시집을 간행한 분을 대상으로 한다.
   ② 본상을 수상했던 분은 다시 수상 후보자가 될 수 없다.

4. 수상 대상 기간
   기간은 각년도 1월부터 12월까지 1년 동안으로 한다.

5. 수상자 선정
   ① 수상자는 약간 명으로 한다.
   ② 수상자는 심사위원 전원의 합의에 의해 결정하며 합의되지 못할 때에는 다수결로 할 수 있다.

6. 시상
   수상자에게는 본협회 소정의 상품과 상패를 수여한다.

7. 기타
   본 세칙은 1993년도부터 시행한다.

(사)한국시인연대 제14대 임원

회　　장　최홍규崔鴻圭

고　　문　오칠선 장현기 정순영
　　　　　이진석 박근모 우성영

부 회 장　박현조 이근모 이명우
　　　　　홍계숙

중앙위원　박건웅

이　　사　강용숙 공정식 김영돈
　　　　　김옥향 박연희 박영숙
　　　　　안숙자 오낙율 이한식